U0580387

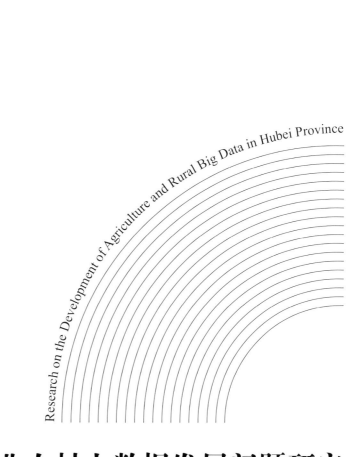

Research on the Development of Agriculture and Rural Big Data in Hubei Province

湖北省农业农村大数据发展问题研究

主　　编　官　波　　沈祥成　　罗治情

副 主 编　陈娉婷　　杨立新　　吴　杨

参编人员　张一博　　汪明召　　马海荣　　郑明雪

　　　　　易继承　　张纾语　　李虹均

WUHAN UNIVERSITY PRESS
武汉大学出版社

图书在版编目(CIP)数据

湖北省农业农村大数据发展问题研究/官波,沈祥成,罗治情主
编.—武汉:武汉大学出版社,2023.6
ISBN 978-7-307-23613-4

Ⅰ.湖…　Ⅱ.①官…　②沈…　③罗…　Ⅲ.农村—信息化—研
究—湖北　Ⅳ.F327.63

中国国家版本馆 CIP 数据核字(2023)第 074770 号

责任编辑:詹　蜜　　　责任校对:李孟潇　　　版式设计:马　佳

出版发行:**武汉大学出版社**　(430072　武昌　珞珈山)
　　　　(电子邮箱:cbs22@whu.edu.cn　网址:www.wdp.com.cn)
印刷:武汉中远印务有限公司
开本:720×1000　1/16　印张:9　字数:129 千字　插页:2
版次:2023 年 6 月第 1 版　　　2023 年 6 月第 1 次印刷
ISBN 978-7-307-23613-4　　　定价:48.00 元

版权所有,不得翻印;凡购我社的图书,如有质量问题,请与当地图书销售部门联系调换。

目　　录

0 导　　论

0.1　研究背景

大数据是国家基础性战略资源，党中央、国务院高度重视大数据在经济社会发展中的作用，提出国家大数据战略，全面推进大数据发展，加快建设数据强国。农业领域是大数据产生和应用的重要领域之一，具有规模浩大的数据基础。一方面，就农业本身而言，农业数据主要包括土地资源、水资源等农业资源环境数据；大气、水质、农田污染、自然灾害等农业生态环境数据；农业生物资源、农业种植资源等农业生物数据等。另一方面，就农业产、加、销等整个流程而言，农业数据主要包括农资数据、农业技术数据、农业生产数据、农产品运输数据、农产品储藏数据、农产品加工数据、农产品市场流通数据以及农产品质量安全数据等。运用好这些农业数据，是突破资源和环境制约、破解成本和价格双重挤压、提升我国农业国际竞争力、引导农民生产经营决策、推进政府治理能力现代化的迫切需要，能够有力支撑和服务农业现代化。

为推动农业农村大数据发展，国家出台了一系列相关文件。2015 年 8 月，国务院印发了《促进大数据发展行动纲要》，明确提出要发展农业农村大数据；2015 年 12 月，农业部印发了《关于推进农业农村大数据发展的实施意见》；2016 年 1 月，国家发展改革

1

委发布了《关于组织实施促进大数据发展重大工程的通知》（发改办高技〔2016〕42号），将农业农村大数据作为大数据示范应用的重点支持内容；2016年5月，农业部、国家发展和改革委员会、中央网络安全和信息化领导小组办公室、科学技术部、商务部、国家质量监督检验检疫总局、国家食品药品监督管理总局、国家林业局共同研究制定了《"互联网+"现代农业三年行动实施方案》（农市发〔2016〕2号），将"互联网+"农业农村大数据作为一项主要任务；2016年8月，农业部印发了《"十三五"全国农业农村信息化发展规划》（农市发〔2016〕5号），将加快推动农业农村大数据发展作为主要任务；2016年10月，农业部印发了《农业农村大数据试点方案》（农办市〔2016〕30号），拟通过试点示范扎实推进农业农村大数据发展和应用；2018年9月，国务院印发《乡村振兴战略规划（2018—2022年）》，强调要深化农业农村大数据创新应用；2020年6月，国务院办公厅印发《数字乡村发展战略纲要》，将推进农业农村大数据中心和重要农产品全产业链大数据建设作为促进农村数字经济发展的一项重要任务。

湖北是农业大省，也是国家农村信息化示范省之一。长期以来，湖北省委、省政府认真贯彻落实党中央、国务院关于农业农村信息化工作的决策部署，高度重视农业农村信息化工作，积极探索物联网、智联网、大数据、云计算等新一代信息技术与农业农村融合发展的湖北模式，并取得了积极进展。同时，作为推动农业农村大数据应用的试点省份，湖北省也出台一系列政策文件支持农业农村大数据发展。2016年9月，湖北省政府印发《湖北省大数据发展行动计划（2016—2020年）》（鄂政发〔2016〕35号），提出要建设湖北省现代农业农村大数据中心，着力构建以大数据为核心特征、云计算为重要支撑、"互联网+"为主要手段的现代农业技术体系，统筹国内外农业数据资源，强化农业资源要素数据的集聚利用，加快推动大数据在农业科学生产、精深加工、质量安全、产销对接、规模经营等领域的全面应用。2016年8月，湖北省政府印发《关于加快促进云计算创新发展培育信息产业新业态的实施意见》（鄂政办发〔2016〕67号），计划要在全省范围内形成2~3处云计算数据中心集聚地，实现跨区域共建共享；要推动具有自主技术的云计算大数据产品和服务得到广泛应用，针对不同用户需求，在农业等领域建成一批应用示范项目。2017 年 11 月，湖北省政府印发《湖北省农村经济发展"十三五"规划》（鄂政发〔2017〕53 号），将推进农业农村大数据应用服务走位实施"互联网+现代农业"行动的主要内容。2019 年 11 月，湖北省政府印发《湖北省数字经济发展纲要（2019—2022 年）》，将建设湖北农业农村大数据平台作为加快农业数字化应用步伐的一项主要任务。

为进一步提升湖北农业生产智能化、经营网络化、管理数据化和服务在线化水平，把握信息技术新热点、产业发展新方向，抢占新一轮信息技术革命制高点，将是新阶段湖北农业信息化工作的重点。大数据不仅代表着当前信息技术的新热点、产业发展的新方向，更是加快推动经济社会转型升级的新引擎，推动大数据在农业领域的应用创新，开发面向农业生产、流通、销售领域各环节的大数据产品和服务，探索形成协同发展新业态，将是今后一个时期湖北农业信息化工作的重要任务。

0.2　研究意义

一、发展农业农村大数据是推进农业现代化的核心关键要素

信息化是农业现代化的制高点，大力发展农业农村信息化，是加快推进农业现代化、全面建成小康社会的迫切需要。推动信息技术与农业农村全面深度融合，能够有力引领和驱动湖北农业现代化。农业农村大数据作为农业信息化的前沿技术，是新一代信息技术的集中反映，随着信息化和农业现代化深入推进，农业农村大数据正在实现与农业产业的全面深度融合，逐渐成为农业生产的定位仪、农业市场的导航灯和农业管理的指挥棒。推进湖北农业农村数据资源的整合与开发、大数据技术的推广与应用以

及大数据服务体系的建设与完善，将促进农业关键技术创新和产业结构升级，实现对传统农业的改造和对现代农业的武装。依靠对农业农村大数据的准确分析和深度挖掘，能够提高湖北省农业生产精准化、智能化水平，增强湖北省农业在国际市场上的话语权、定价权和影响力，引导湖北省农民进行科学的生产经营决策，解决部分农产品供求结构性失衡、农业发展方式粗放、农业竞争力不强、农民持续增收难度加大等问题，确保湖北省农业现代化取得明显进展。

二、发展农业农村大数据是加快推进农业强省建设的迫切需要

湖北正处于加快推进现代农业发展的关键阶段，需要运用大数据指导构建现代农业产业体系、生产体系、经营体系，提高农业创新力、竞争力和全要素生产率。实施湖北省质量强农战略，需要运用大数据加强对农业资源环境、生产加工、储存流通等关键环节的监管，提高农业绿色化、优质化、特色化、品牌化水平。推进湖北省农村第一、二、三产业融合发展，需要运用大数据拓展农业多功能、发展农业新业态，形成产业链条完整、功能多样、业态丰富、利益联结紧密的农村产业新格局。推进湖北省农业供给侧结构性改革，需要运用大数据缩小城乡数字鸿沟，消除信息不对称对农产品供求的影响。加强湖北省农业生产能力建设，需要运用农业农村大数据促进数字农业、精准农业、智慧农业发展，推进农业生产方式转变。提高湖北省农业科技创新和社会化服务水平，需要运用大数据推进农业科技创新数据资源共享、提升农业综合信息服务能力，让各类涉农主体共同分享信息化发展成果。推进湖北省政府治理能力现代化，需要运用大数据增强农业农村经济运行数据的及时性和准确性，加快实现基于数据的科学决策。确保湖北省脱贫攻坚工作成果，需要运用大数据提高扶贫脱贫工作的跟踪能力，实现对脱贫地区、脱贫户信息的有效跟踪和动态管理。

三、发展农业农村大数据是抢占中部农业农村大数据战略高地的需要

当前，大数据已成为国家基础性战略资源。农业则是大数据产生和应用的重要领域之一，是我国大数据发展的基础和重要组成部分。为充分发挥农业农村大数据作为现代农业新型资源要素的重要作用，2016 年农业部专门印发了《农业农村大数据试点方案》，旨在鼓励基础较好的地方结合自身实际，积极探索发展农业农村大数据的机制和模式，带动不同地区、不同领域大数据发展和应用。从中部 6 省的试点情况看，湖北省承担了 1 项试点任务（推动农业农村大数据应用），与安徽和湖南持平（推进涉农数据共享试点），少于江西的 3 项（推进涉农数据共享、柑橘大数据和探索市场化投资、建设、运营机制）。无论从承担任务的数量和内容上看，湖北省都没有表现出明显优势。在此背景下，加快湖北省农业农村大数据建设，推进大数据在农业生产、经营、管理、服务等各环节、各领域的应用，尽快在数据共享、单品种大数据建设、市场化投资建设与运营机制和大数据应用等方面取得全面突破，有助于实现对中部省份农业农村大数据发展水平的整体赶超，形成农业农村大数据建设的"湖北模式"，进而占领中部乃至全国农业农村大数据战略高地，对全国农业农村大数据建设起到引导和示范作用。

 ## 0.3　国内外研究综述

一、整体概述

图 0-1 显示的是本项目搜集整理的自 2011 年—2022 年 7 月英文期刊关于农业大数据研究的文献数量，数据来源于 Web of science，采用了以"big data"和"agriculture"同时作为关键字段的标题检索方式，搜索到相关发表文献数量共 608 篇。检索数据表明，2012 年以前没有关于农业大数据的文献，自 2013 年开始文献数量整体呈持续迅速上升趋势。原因在于 2012 年美国公布的"大数据研发计划"和 2013 年英国颁布的《英国农业技术战略》，强调了大数据对推动农业发展的巨大潜力，因而引起了世界各国学者的广泛关注。

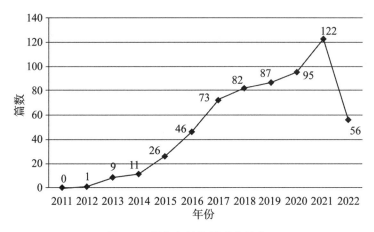

图 0-1　英文文献数量变化趋势

　　图 0-2 显示的是本项目搜集整理的自 2012 年—2022 年 7 月中文期刊关于农业大数据研究的文献数量，数据来源于中国知网，采用了以"农业"或"农村"和"大数据"为关键字段的标题检索方式，检索到相关发表文献数量共 1189 篇。检索数据表明，在 2013 年以前没有关于农业大数据的文献，2013—2015 年文献数量呈缓慢上升趋势，原因在于 2013 年中国计算机学会出版了《中国大数据技术与产业发展白皮书》，开始引起国内学者的关注。在 2016 年发表数量迅速增长，从 2016—2021 年底这五年持续保持较高的发表数量。主要原因是自 2016 年我国农业农村部公布了《农业部关于推进农业农村大数据发展的实施意

见》后，又先后出台了《促进大数据发展行动纲要》《国家信息
化发展战略纲要》《乡村振兴战略规划（2018—2022 年）》《数
字乡村发展战略纲要》以及 2022 年 5 月发布的《乡村建设行动
实施方案》一系列的重要文件，均把发展农业农村大数据摆到突
出重要的位置。因此，近 5 年期间，国内农业农村大数据研究发
展特别迅速。

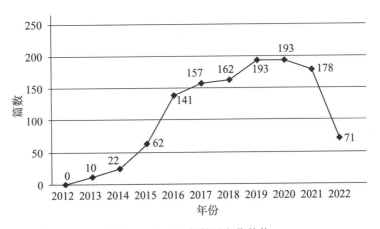

图 0-2　中文文献数量变化趋势

从整体上看，外国关于农业大数据的研究起步较早，我国的大
数据研究相对较晚。农业农村大数据研究的文献数量具有明显的政
策导向性特点，国家政策的出台促进了国内外学者对农业农村大数
据相关问题的研究。目前，世界各国都十分重视农业农村大数据的
发展。

二、农业农村大数据定义与特征

关于农业大数据准确的概念和定义尚有一些争论。百度百科
上的定义是农业大数据就是融合了农业地域性、季节性、多样
性、周期性等自身特征后产生的来源广泛、类型多样、结构复
杂、具有潜在价值，并难以应用通常方法处理和分析的数据集

合。温孚江（2013）① 认为农业大数据是大数据理念、技术和方法在农业领域的实践。孙忠富（2013）② 提出农业大数据是指以大数据分析为基础，运用大数据理念、技术和方法，解决农业或涉农领域数据的采集、存储、分析与应用等一系列问题，以此来指导农业生产经营，它是大数据理论和技术在农业上的应用和实践。张浩然（2014）③ 指出农业大数据是以大数据分析为基础，运用大数据理念、技术及方法来处理农业生产销售整个链条中所产生的大量数据，从中得到有用信息以指导农业生产经营、农产品流通和消费的过程。宋长青（2016）④ 认为农业大数据是指在农业以及涉农相关领域所产生（或发生）的全样本（或多样本）不同类型数据的集合。周国民（2019）⑤ 认为农业大数据在概念和内涵上与原来的农业数据有很大区别，农业大数据是农业领域全要素、全时、全程、全样本的数据集合，并应用大数据理念、技术和方法来处理这些数据。

此外，还有学者通过不同角度对农业大数据概念进行了分类。王佳方（2020）⑥ 提出农业大数据是非常复杂而系统的概念，从不同的角度，可以赋予其多种不同的含义。按照产业分类，农业大数据又有狭义和广义区别：狭义包括种植业数据、畜牧业数据、林业数据、水产数据等；广义包括其他农业环节，比如化肥、饲料数据、农产品加工数据、农业产业链上下游数据等。按地域分类包

① 温孚江. 农业大数据研究的战略意义与协同机制［J］. 高等农业教育，2013（11）：3-6.

② 孙忠富，杜克明，郑飞翔，等. 大数据在智慧农业中研究与应用展望［J］. 中国农业科技导报，2013（6）：63-71.

③ 张浩然，李中良，邹腾飞，等. 农业大数据综述［J］. 计算机科学，2014（S2）：387-392.

④ 宋长青，高明秀，周虎. 实施现代农业大数据工程的理性思考［J］. 中国现代教育装备，2016（15）：111-114.

⑤ 周国民. 我国农业大数据应用进展综述［J］. 农业大数据学报，2019（1）：16-23.

⑥ 王佳方. 智慧农业时代大数据的发展态势研究［J］. 技术经济与管理研究，2020（2）：124-128.

括：国内农业数据与国外农业数据。行政区域则包括：省市农业数据与乡镇农业数据。按专业性分类是将产业分类方式进一步细分，具体包括：蛋鸡数据、生猪数据、奶牛数据等。同时，专业性分类再扩大范围还可以包括农业技术方面数据，比如土壤数据、病虫妨害数据等。按经营主体进行划分，包括：生产者、管理者、销售者等，比如农业生产相关数据、科技成果信息、投资信息、供应信息等。

农业大数据除了具有大数据的数据量大、处理速度快、数据类型多、价值大的特征外，还具有农业独特的性质：周期性、地域性、广泛性、多变性、交叉性。广泛性是指大数据在农业中的广泛应用，涉及农作物从生产到销售的各个环节，而且在农作物、水产品和畜牧等方面也有充分的应用，影响着人类的生存。周期性是指农业生产活动随季节的规律变化，影响农作物、水产品和畜牧的生长。地域性是指受不同地区自然条件的变化，如地形、降水、土壤、光照强度和时间等，使得不同的地方只适合某种农作物或牲畜的生长。交叉性是指农业不是独立发展的，避免不了与其他行业之间产生联系，信息之间的流转和相互利用，有利于推动农业的发展。比如，农业生产不仅仅是对农作物进行种植，除了育种、除草、施肥等基础性农业活动，还需要天气信息、自然灾害信息的辅助。在最后销售阶段，还需要使用交通安全信息、市场需求信息等。多变性是指农业的生产活动受到很多因素的影响，常常在不同的时间和季节中，农作物、牲畜的产能、市场需求、价格都将发生波动。

三、国外研究情况

2008 年 *Nature* 出版专刊 *Big Data*，从互联网技术、网络经济学、超级计算、环境科学、生物医药等多个方面介绍了海量数据带来的挑战。2011 年 *Science* 推出了数据处理专刊 *Dealing with Data*。同年，麦肯锡研究院（MGI）发布研究报告 Big data：The next frontier for innovation，competition，and productivity，文中详细分析了大数据的影响、关键技术和应用领域方面，指出大数据将带动未来生产力的发展和创新。2012 年欧洲信息学与数学研究会会刊 ERCIM New 出版专刊 *Big Data*，讨论了在大数据背景下的数据管理、数据密集型研究的创新技术等问题，并简要描述了欧洲科研机构的部分研究工作和所取得的创新性进展。随着大数据技术在各行各业广泛研究，农业大数据也逐渐成为当前研究的热点。

随后大数据相关研究引起了政界、学术界和企业界的广泛关注。在政策方面，2012 年，奥巴马宣布美国政府投资 2 亿美元启动"大数据研究和发展计划"（big data research and development initiative）。2013 年，英国政府颁布了《英国农业技术战略》，强调了大数据对推动农业发展的巨大潜力；8 国领导人于 2013 年在国际论坛上就农业大数据的开放问题进行了讨论；同年，日本发布《信息通信白皮书》，计划充分利用个人购物数据等庞大数据提供服务。2015 年，美国联邦农业部长宣布启动实时土壤数据项目，旨在让农民能够获取到最新农场数据。

在学术方面，国外有大量的关于大数据在各行各业应用的研究，在农业领域的研究总体数量不多，但近几年呈现出上升的趋势。国外学者们的研究成果主要集中在三个方面，一是大数据技术对精准农业和智慧农业的发展有重要影响；二是利用大数据技术解决具体农业问题的案例和方法研究；三是对大数据的数据所有权、数据隐私等问题的研究。从文献数量上看，第一方面的研究占文献总数的 35%，第二方面的研究占 61%，第三方面的研究极少。

有多位学者对大数据技术在精准农业和智慧农业应用前景方面进行了分析和展望。Kamilaris 等（2017）[①] 提出数字农业不是一个独立的解决方案，而是一个包含基于农场的传感器、设备和软件、

---

① Andreas Kamilaris, Andreas Kartakoullis, Francesc X Prenafeta-Boldú. A review on the practice of big data analysis in agriculture ［J］. Computers and Electronics in Agriculture, 2017（143）: 23-37.

外部顾问、数据服务和云平台的连接系统。Tzounis 等（2017）①
介绍了近年来物联网技术的发展概况、目前物联网技术在农业领域
的渗透情况、物联网技术对未来农民的潜在价值以及物联网技术在
传播过程中面临的挑战。

关于利用大数据技术解决具体农业问题的案例和方法研究的学
者比较多。早在 2015 年，Suciu② 等通过一个 M2M 远程遥测站与
一个大数据处理平台和几个传感器的合作，对 2014 年葡萄酒生长
季的测量结果进行了调查，展示了云物联网系统和大数据处理等最
新技术的应用，以实现葡萄栽培的疾病预测和预警应用。Kaur 等
（2016）③ 提出了基于症状相似性的疾病识别和基于高度相似性的
解决方案的大数据分析农业的框架，它根据作物病害的症状和目的
找出病害名称，并根据历史数据的证据找到解决方案。结果以图形
的形式表示，这将有助于推荐一个高度使用的解决方案或高度相似
的症状。Van Evert 等（2017）④ 介绍了荷兰的一个成功案例，利
用大数据在杂草控制方面的潜在效用是巨大的，特别是对入侵性、
寄生性和抗除草剂杂草。Kamilaris 等（2018）⑤ 利用一个在线软件
平台，使用从各种不同来源的地球物理信息，采用地理空间和大数
据分析，结合网络技术，可以从土地、水、生物多样性和自然区域

① Antonis Tzounis, Nikolaos Katsoulas, Thomas Bartzanas. Internet of things in agriculture, recent advances and future challenges ［J］. Biosystems Engineering, 2017（164）：31-48.

② George Suciu, Alexandru Vulpe, Octavian Fratu. M2M remote telemetry and cloud IoT big data processing in viticulture ［J］. 2015 International Wireless Communications & Mobile Computing Conference, 2015：1117-1121.

③ Rupinder Kaur, Raghu Garg, Himanshu Aggarwal. Big Data analytics framework to identify crop disease and recommendation a solution ［J］. 2016 International Conference on Inventive Computation Technologies, 2016：608-612.

④ van Evert F K, Fountas S, Jakovetic D, et al. Big data for weed control and crop protection ［J］. Weed Research, 2017（57）：218-233.

⑤ Kamilaris A, Prenafeta-Boldú F X. A review of the use of convolutional neural networks in agriculture ［J］. Journal of Agricultural Science, 2018（156）：312-322.

需要保护等方面估算农业对环境的影响，帮助农民操作和行政规划与政策制定。Toscano 等（2019）① 探讨了不同技术和数据处理方法在硬质小麦产量估算中的应用效果，利用不同方法分析得出的遥感数据可用于评价硬粒小麦产量，提供一种替代传统耕作方法的潜在选择。Mupangwa 等（2020）② 研究了不同算法对玉米产量预测的差别，发现 LDA 算法是预测玉米产量的最佳工具，SVM 算法是预测玉米产量的最差算法。使用不同的标准来评估不同 ML 算法的性能是至关重要的，以便在工具应用于农业部门之前对其进行更可靠的评估。国外在大数据技术应用的研究众多，研究的领域涉及了干旱、灌溉、作物产量、病虫害，自然灾害、产品供应链、农产品市场、农业监测、食品安全、蒜苗、葡萄、家禽等，从研究结果上看都取得了很好的进展。

在应用方面，美国的企业做出了较多方面的尝试。孟山都公司通过产量与气候数据为农民提供种植指导；Solum 公司使用数据分析技术来确定化肥的投入量问题，通过对农业大数据分析来帮助农民提高产出、降低成本；天宝公司利用 3S 与数据处理技术为农场提供了作业解决方案；Farmlogs 为农民开发了移动端 App 与桌面 Web 管理界面，农民可以通过这些媒介来对农作物生产进行管理；而意外天气保险公司通过气象大数据来预测灾害，以此来为农民推荐合适的保险。此外，克罗地亚 Farmeron 公司建立了一个农场管理平台，可以提供跟踪牲畜饲养情况的功能，并提供针对性的生产分析报告，指导农民进行相关生产计划。日本宫崎县通过传感器等终端采集农业生产数据，进行实时监测、分析和管理，指导农业生产。日本政府方面从 2014 年开始与大型信息技术企业合作，探索农业大数据平台"农业数据协作平台"（WAGRI）建设。2019 年

① Toscano. A precision agriculture approach for durum wheat yield assessment using remote sensing data and yield mapping［J］. Agronomy-Basel，2019（9）：437.

② Mupangwa. Evaluating machine learning algorithms for predicting maize yield under conservation agriculture in eastern and southern africa［J］. Applied Sciences，2020（2）：952.

该平台正式上线运行，该平台打破了数据壁垒，实现了数据共享，改善了数据服务，在大数据预测、农技资源利用、信息技术服务和智能农场运行等方面都起到了重要作用。英国 Silent Herdsman 通过给奶牛脖子上佩戴监测设备，实时监测奶牛生产状况与行为。法国政府实现了通过农业数据分析为农民提供生产指导信息。德国则利用大数据与云技术实现了高水平的数字农业。爱沙尼亚共和国探索了以预测气象、病虫害、成本投入等预测管理，为农民提供农作物种植阶段的投入成本、病虫害风险防治及天气预测，农民能够更加高效地管理自己的农场。总的来说，目前国外的农业大数据已形成了规范、精准、智能的应用格局。

四、国内研究情况

我国大数据研究起步相对较晚，但国内对于大数据研究十分关注。2013 年，中国计算机学会出版了《中国大数据技术与产业发展白皮书》，2014 年出版了《中国大数据技术与产业发展报告》，阐述了大数据时代背景下相关产业的发展。此后，随着我国互联网的发展，大数据技术得到了前所未有的发展机遇，并与多种产业或行业进行融合，其中"大数据+农业"融合模式受到了极大的社会关注和政府支持。

从中央到地方先后推出了相关政策引领。2015 年，国务院颁布实施《促进大数据发展行动纲要》，纲要中提出了发展农业农村大数据；农业农村部公布了《农业部关于推进农业农村大数据发展的实施意见》。2016 年，农业农村部办公厅印发《农业农村大数据试点方案》。江苏省和浙江省的农业"十三五"规划中明确提出了推进农业大数据发展的规划。山东省农业厅发布了《山东省推进农业大数据运用实施方案（2016—2020 年）》对建设农业大数据体系提出了具体要求。

湖北省出台的农业大数据相关政策紧跟中央的步伐。从对农业大数据发展力度呈现不断加强的趋势可以看出政府的重视程度也在明显加强。在 2016 年发布的相关政策中提到发展农业大数据，助力现代农业加快发展。随后在《湖北省农业发展"十三五"规划纲要》中指出要以大数据、云计算和物联网等现代信息技术为支撑，推进农业产业在线化和数据化发展。在 2020 年的《湖北省农业农村厅工作要点》中明确提出了启动建设湖北农业农村大数据中心。

在学术方面，按照农业大数据的相关研究内容，国内学者的研究大致可以分为三类，一类是对农业数据概念、现状及问题方面的研究，这部分文献数量占文献总数的 61%，是国内学者研究得最多的方面；二类是农业大数据平台建设思路和方案方面的研究，这类文献数量占总文献数的 11%；第三类是大数据技术在农业领域的应用分析，也是占比比较大的一类，占文献总数的 28%。从发表文献占比上看，国内偏重对农业大数据的概念、现状和问题等发展思路方面的研究，对专业应用和技术发展的研究相对较少。截至 2020 年 4 月，结合文献发表的时间、内容及占比三个方面来看，随着时间的推移，针对大数据应用技术和方法等方面的研究在 2015 年以前和平台建设的研究比例相当，从 2016 年开始呈现明显的上升趋势。

关于农业大数据的概念、现状及建设思路方面的研究颇多，集中出现于 2016 年，最早以孙忠富等（2013）为代表，阐述了大数据发展的背景、大数据与物联网等的关联、大数据基本内涵和关键技术等，分析了大数据在农业上的需求、主要应用领域及其在智慧农业中的关键地位。由张浩然等（2014）对农业大数据的相关概念进行阐述，介绍了应用于农业大数据的各项技术，还简要分析了农业大数据未来发展所要面临的挑战。王东杰等（2016）① 分析了我国农业大数据的开放共享偏低、数据更新比例低等问题，提出了在顶层设计、技术条件、内容标准、共享机制和法律规范等方面促进农业大数据共享的相关措施。韩楠（2017）② 提出为促进农业大

　① 　王东杰，李哲敏，张建华，等. 农业大数据共享现状分析与对策研究 [J]. 中国农业科技导报，2016（3）：1-6.
　② 　韩楠. 促进农业大数据在现代农业应用的途径分析 [J]. 农业经济，2017（8）：25-27.

数据的应用及发展，搭建农业大数据应用的服务平台，完善农业大数据应用的关键技术，重视农业大数据应用的人才建设和保障农业大数据的应用安全。王一鹤等（2018）① 采用综述的方法，分析了农业大数据的应用方向和关键技术，介绍了部分农业大数据平台，指出了目前存在的问题并提出未来发展方向。姜侯等（2019）② 结合大数据的基本内涵和特征，介绍了农业大数据发展的战略意义，分析了农业大数据的基本概念及其包容性的典型特征，概括了农业大数据的获取途径，阐述了农业大数据平台应用体系和关键技术，最后总结了当前农业大数据面临的困难，为农业大数据的创新发展奠定基础。从以上文献内容可以发现，学者们对农业大数据的认识在逐步加深，从一开始对农业大数据的概念定义的关注，到对国内外大数据发展状态的关注，直至最近对农业大数据如何应用更为关注。

关于农业大数据平台建设思路和方案的研究，很多学者认为，建立农业大数据平台是实现农业大数据基础，因此，早在 2014 年就已经有学者开启了农业大数据平台建设的研究。孟祥宝等（2014）③ 从服务、管理、应用、技术、资源 5 个关键环节分析设计了农业大数据 SMART 应用体系架构，设计了一个农业大数据智能分析平台，分析了平台的总体架构、功能设计及技术实现。陶忠良等（2018）④ 具体阐述了农业大数据应用体系架构和实施方案。邓湘等（2019）⑤ 利用云计算、大数据等最新技术，采用现代供应

① 王一鹤，杨飞，王卷乐，等 . 农业大数据研究与应用进展 ［J］. 中国农业信息，2018（4）：48-56.

② 姜侯，杨雅萍，孙九林 . 农业大数据研究与应用 ［J］. 农业大数据学报，2019（1）：5-15.

③ 孟祥宝，谢秋波，刘海峰，等 . 农业大数据应用体系架构和平台建设 ［J］. 广东农业科学，2014（14）：173-178.

④ 陶忠良，管孝锋，陈毓蔚 . 基于农业大数据的信息共享平台建设 ［J］. 产业与科技论坛，2018（11）：56-57.

⑤ 邓湘，王代君，周铭涛，等 . 基于"互联网+"的智慧农业大数据管理一体化平台研究 ［J］. 信息通信，2019（5）：170-171.

链管理方法，建立综合的数据平台，调控农业生产，记录分析农业种养殖过程中的动态变化，制订一系列管理措施。管孝锋等（2020）① 通过建设农业物联网、生态循环、农业产业、种植业、质量安全、农村经营、农机监管、畜牧业、应急预警、农技推广等十大涉农数据库，把各系统的业务数据、空间数据、视频数据和感知数据等进行汇集，实现动态更新、数据共享应用。从以上文献可以看出，关于农业大数据平台的建设，早期学者只局限于平台的系统和框架的设计，而近年来，平台建设更重视农业数据的收集、整合与利用。

大数据技术在农业领域的应用分析的文献数量呈逐年上升趋势。这类文献研究内容主要可以分为以下五个方面：一是农业大数据应用的分析、研究与展望；二是国内农业大数据建设案例与思路研究；三是大数据与农业各行业融合应用的实例探索与研究；四是利用大数据挖掘技术建立农业预测、预警、分析系统的研究；五是基于不同大数据算法的分析系统研究。

关于农业大数据应用的分析、研究与展望，这类文献的数量相当大，占农业大数据应用类文献总数的45%。最早由孙晓勇等（2015）② 从农业育种、农业栽培、农业病虫害、农业气候、土壤和经济学、农业信息五个方面阐述了农业大数据协助提高农作物产量和质量所发挥的作用。黎玲萍等（2016）③ 借鉴国内外学者在农业大数据的研究成果，基于农业数据时空属性的特征，结合农业数据的特点分析了 Hadoop、Storm 和 Spark 开源大数据挖掘技术，阐述了如何开发适合农业需求的大数据系统。韩楠（2017）在数据挖掘、数据安全以及专业人才素质等方面存在诸多挑战，建议搭建农业大数据应用的服务平台，完善农业大数据应用的关键技术，重

---

① 管孝锋，陆林峰，吴晓柯. 浙江省智慧农业云平台建设及应用 [J]. 浙江农业科学，2020（3）：595-597，601.

② 孙晓勇，刘子玮，孙涛，等. 大数据在农业研究领域中的应用与发展 [J]. 中国蔬菜，2015（10）：1-5.

③ 黎玲萍，毛克彪，付秀丽，等. 国内外农业大数据应用研究分析 [J]. 高技术通讯，2016（4）：414-422.

视农业大数据应用的人才建设，保障农业大数据的应用安全。漆海霞等（2019）① 针对当前农业领域存在的一些问题，引入了精准农业的概念，介绍了其来源与发展条件，将农业产业链与大数据应用结合起来，解析大数据实现精准农业的过程，并剖析了中国农业大数据应用方面所存在的问题。

关于国内农业大数据建设案例及对策建议较多，集中出现在2016 年以后。路辉等（2016）② 从食品安全、农民增收和信息共享方面介绍了连云港农业大数据中心的主要解决内容，总结了经验和效果，同时也阐述了面临的挑战及解决措施。梁文立（2017）③ 介绍了中山市农业大数据建立的土肥信息管理平台、蔬菜病虫害诊断识别系统、物联网管理、GIS 搜索系统等平台和系统，分析了大数据建设中存在的问题以及对策建议。任婷婷等（2017）④ 介绍了内蒙古云谷公司与赛罕区科技局、蔬菜局合作共建"赛罕无公害蔬菜信息化平台"，该公司负责平台的开发、信息采集及运营，平台建立后菜农可以发布当天的蔬菜上市量及价格，公司同时提供数据的统计分析及可视化服务。张永金（2018）⑤ 介绍了云南农业大数据应用与推广中心的软硬件建设情况及农业线上线下融合发展的运行管理机制。郭瑛琰等（2019）以黑龙江省为例，介绍了利用农业大数据建设农村信用体系的主要做法，提出了"农业大数据+金融科技"农村信用体系建设思路。雷刘功（2020）⑥ 以河南

① 漆海霞，林圳鑫，兰玉彬 . 大数据在精准农业上的应用 [J]. 中国农业科技导报，2019（1）：1-10.

② 路辉，贾兴永，杨宝祝 . 农业大数据浅析及应用展望——以"一带一路"连云港农业大数据中心为例 [J]. 农业网络信息，2016（11）：5-8.

③ 梁文立 . 中山市农业大数据建设与应用 [J]. 热带农业工程，2017（4）：53-55.

④ 任婷婷，辛庆强，吕猷 . 内蒙古农业领域大数据应用体系建设刍议 [J]. 畜牧与饲料科学，2017（3）：71-75.

⑤ 张永金 . 云南农业大数据应用与推广中心建设初见成效 [J]. 云南农业，2018（2）：46-47.

⑥ 雷刘功，王琦琪 . 让农业大数据"活"起来——河南省农业大数据应用产业技术研究院调查 [J]. 农村工作通讯，2020（3）：7-9.

省农业大数据应用产业技术研究院为例，构建了全面的数据资源体系，形成了地理信息、土地与生产者、农业生产、市场与交易、作物特征、传感器定标六大类数据资源，实现了在农业保险精准投保和烟草种植监测的实际业务，为农业大数据方面做出了有益的探索创新与实践。此外，姜晓辉等（2017）①、李鹏伟等（2017）②、任万明等（2018）③、刘铮等（2019）④、陈颖博（2020）⑤、唐义军等（2020）⑥ 等分别对重庆市、山东省、黑龙江省、河南省、江苏省、湖北省等多省多地的农业大数据发展现状进行了介绍，并分析了农业大数据建设的前景和存在的问题。从以上文献看出，国内在农业大数据应用方面做出的探索和尝试屡见不鲜，但真正能拥有有价值数据的如凤毛麟角。这也是我国发展农业大数据的瓶颈之一。

　　关于大数据与农业各行业融合应用的实例探索与研究，此类文献数量相对较少，最早出现于 2014 年，有一位学者周寅晴介绍了大数据在现代烟草生产、产品流通体系、气象与环境预测及烟草科研中的具体应用。之后几年间，这方面的文献数量一直相对较少，如 2016 年，米春桥、瞿荣锦、闫萍、刘磊四位学者研究了农业大数据在农业灾害制图、农业智慧管理、智慧农机和农业投入品等方面的应用。如 2017 年有两位学者做了这方面的研究，刘勃

---

　　①　姜晓辉. 招远市农业信息化与大数据应用的调查与思考 [J]. 信息技术与信息化，2017（9）：143-144.

　　②　李鹏伟. 黑龙江垦区农业大数据应用研究 [J]. 现代化农业，2017（11）：53-54.

　　③　任万明，郑勇，王钧，等. "互联网+"背景下山东省农业大数据发展应用的实践与思考 [J]. 山东农业科学，2018（5）：143-146.

　　④　刘铮，郭冬楠. 镇江市农业大数据建设探索新思路 [J]. 农业装备技术，2019（1）：13-14，20.

　　⑤　陈颖博. 大数据在智慧农业中的应用研究 [J]. 湖北农业科学，2020（1）：17-22.

　　⑥　唐义军，仓晶晶，朱芙蓉. 盐城市农业农村大数据发展现状与对策思考 [J]. 农业与技术，2020（4）：54-56.

(2017)① 等在生猪流通方面做出重要的探索，此文将生猪统计数据与网络数据、移动端调研数据、GIS 数据结合，通过数据可视化技术进行分析和展示，建立了大数据的全国生猪空间流向可视化分析和研究的框架。同时，杨宇红（2017）② 提出了利用地球观测数据和农业气象数据，构建农情监测与预警模型，为农民提供农情信息服务。2018 年和 2019 年分别只有一篇与之有关的文献，钱晔（2018）③ 等分析了针对云南鲜切花出现的供求不平衡情况，如何利用昆明国际花卉拍卖交易中心官网提供的数据作为大数据分析基础，建立农业大数据环境下鲜切花行情监测系统的具体方案。何蔓蔓（2019）④ 依赖通信传输协议获取气候、作物和土壤墒情等数据，集合农资数据，通过大数据分析，设计了适用于新疆大田的远程自动节水滴灌方案。截至 4 月，2020 年有关方面的文献有三篇，徐凡（2020）⑤ 通过采集百香果的低温冻害、高温热害、暴雨洪涝、干旱、大风等气象灾害数据，并建立百香果种植、采收、销售等模型，为百香果种植户提供灾害预警、产量预测和品质评估等信息服务。吴迪（2020）⑥ 阐述了利用大数据技术进行农药用药推荐模型构建的方法。周志博（2020）从农机零部件加工、农技设备设计和农业机械手辅助生产三个方面介绍了大数据技术在现代农业机械化生产中的应用。

利用大数据挖掘技术建立农业预测、预警、分析系统的研究数

---

① 刘勃，毛克彪，马莹，等. 基于农业大数据可视化方法的中国生猪空间流通模式 [J]. 地理科学，2017（1）：118-124.

② 杨宇红. 大数据时代的农情监测与预警 [J]. 信息与电脑（理论版），2017（14）：125-126.

③ 钱晔，孙吉红，孙媛媛，等. 农业大数据环境下的鲜切花行情监测系统设计 [J]. 安徽农业科学，2018（15）：185-187，197.

④ 何蔓蔓，马龙华，马占东. 面向新疆大田智慧滴灌系统的设计 [J]. 安徽农业科学，2019（15）：229-231.

⑤ 徐凡，蒙春蕾. 浅谈广西百香果大数据系统的搭建 [J]. 农村经济与科技，2020（2）：333-334.

⑥ 吴迪，吴方华. 基于大数据的农业用药推荐 [J]. 中国农业文摘——农业工程，2020（2）：46-48.

量较少，自 2014 年来共有四篇。杨波等（2014）① 通过大数据挖掘技术，将多年农作物害虫发生的数据和山东省气象数据联合分析，建立了玉米螟动态气候预测模型。张晴晴（2016）② 等运用数据挖掘技术，利用往年数据，分析了小麦蚜虫发生程度与气候和其他昆虫等 18 种因素之间关系，构建了预测小麦蚜虫发生的模型。赵雷等（2016）③ 同样是利用数据挖掘技术，分析了往年玉米田第四代棉铃虫发生的数据，构建了玉米田第四代棉铃虫发生程度预测模型。裴进等（2018）④ 也是利用农业数据挖掘技术，分析了土壤特性、类型和作物产量的数据，构建了农作物种植推荐系统。

　　基于不同大数据算法的分析系统研究相对较少，最早袁伟（2015）⑤ 利用 Hadoop 分布式平台，分析和对比了 Hbase 和 MapReduce 算法对香格里拉地区酿酒葡萄种植区的环境数据的计算能力，最终认为 MapReduce 算法可以为将来建设综合全面葡萄种植大数据系统提供支持。焦改英等（2016）⑥ 基于 Hadoop 分布式平台，提出了一种并行化大数据处理方式，完成对物联网农业大数据的快速查询与处理。实验表明，设计方案具有低成本、容错性好等优势，对物联网农业的发展具有推广价值。王金玉等（2018）⑦ 利用分类算法 ID3 实现农业大数据信息挖掘，采用信息熵分裂准则

---

① 杨波，刘勇，牟少敏. 大数据背景下山东省二代玉米螟发生程度预测模型的构建［J］. 计算机研究与发展，2014（S2）：160-165.

② 张晴晴，刘勇，牟少敏，等. 基于大数据的小麦蚜虫发生程度决策树预测分类模型［J］. 大数据，2016（1）：59-67.

③ 赵雷，杨波，刘勇，等. 基于大数据的玉米田四代棉铃虫发生量的预测模型［J］. 大数据，2016（1）：68-75.

④ 裴进，章珺彧. 基于大数据与精确农业的农作物种植推荐系统研究［J］. 产业与科技论坛，2018（19）：44-45.

⑤ 袁伟，罗丽琼，赵路，等. 基于 Hadoop 的葡萄种植环境数据处理及性能测试［J］. 山东农业科学，2015（8）：119-122，126.

⑥ 焦改英. 基于分布式算法的智能农业检索与管理系统设计［J］. 自动化与仪器仪表，2016（11）：93-95.

⑦ 王金玉，周丽丽，王祝先. 大数据平台下智慧农业 ID3 算法研究［J］. 自动化技术与应用，2018（7）：52-54.

实现属性分类，从而建立决策树，为智慧农业提供计算机决策支持。侯亮等（2018）①、李艳等（2019）② 分析了农业数据的特点、数据分析现状和大数据技术的优势，构建了基于 Hadoop 的农业大数据挖掘系统，分析了系统的架构、模块设计及系统实现。崔运鹏等（2019）③ 分析并阐述了深度学习在自然语言处理任务中所发挥的重要作用，并介绍了词向量技术在水稻知识领域的作用、农业领域专有命名实体识别以及农业文献内容相关性计算等实际应用案例，并剖析了相关技术实现细节，最后展望了语言处理技术的发展方向，以及它在农业领域的应用前景，阐明了自然语言处理技术对农业领域智能化应用不可或缺的意义。钱晔等（2019）④ 通过详细分析农业大数据中的核心问题，以云南省鲜切花产业为研究对象，拟采用人工神经网络算法分别构建鲜切花价格预测模型群、鲜切花质量等级识别模型群，将鲜切花价格预测模型群嵌入云平台中，以低廉的价格提供给需求者；将鲜切花质量等级识别模型群应用于鲜切花等级分类的流水线，方便快捷地进行智能化分类。该研究引入了智能算法，将智能与农业进行有机的结合，为农业大数据中心的发展提供参考依据。叶煜等（2020）⑤ 对数据挖掘中常用的几个分类预测算法的内容及其特点进行综述，通过论述各算法思想和优缺点，使相关研究者对算法及改进有所了解，以便在实践中选择相应的分类算法。

---

① 侯亮，王新栋，高倩. 基于 Hadoop 的农业大数据挖掘系统构建 [J]. 农业图书情报学刊，2018（7）：19-21.

② 李艳，刘成龙. 基于 Hadoop 的农业大数据挖掘系统构建 [J]. 信息通信，2019（2）：70-71.

③ 崔运鹏，王健，刘娟. 基于深度学习的自然语言处理技术的发展及其在农业领域的应用 [J]. 农业大数据学报，2019（1）：38-44.

④ 钱晔，孙吉红，张悦. 智能算法在农业大数据中的探究 [J]. 北方园艺，2019（20）：156-161.

⑤ 叶煜，李敏，文燕. 农业大数据分类预测算法研究综述 [J]. 科学技术创新，2020（1）：64-65.

五、小结

　　总体而言，国内外都十分重视农业大数据。国外以政府和企业合作开发与应用为主，将大数据技术与农业生产结合得更紧密，更加注重大数据的应用对农业产业所产生的效益，涉及干旱、灌溉、作物产量、病虫害，自然灾害、产品供应链、农产品市场、农业监测、食品安全、蒜苗、葡萄、家禽等众多领域。国内的研究主要以农业大数据的发展历史、概念定义、发展困境与对策为主，有少部分的大数据应用案例分析和大数据的数据挖掘技术与算法，但整体来看与具体的农业产业结合不够紧密。大数据在农业农村领域的应用应该更具体化，要结合当地农业生产、经营、管理、流通中所存在的具体问题，从大数据视角，探究如何利用大数据技术解决现有问题，提出能够提高农业劳动生产力，降低成本，增加农民收入等农业农村大数据建设新思路。

0.4　研究内容

　　本书立足湖北省农业农村大数据发展现状，分析发展过程中存在的突出问题，提出湖北省农业农村大数据的发展思路和路径，并结合当前建设实践，就加快推进湖北省农业农村大数据发展提出相关建议。全书共分为六个部分。

　　导论。本章首先对全书的研究背景和研究意义进行阐述，再以整体概况、农业农村大数据界定、国内和国外研究情况为逻辑主线，对农业农村大数据发展的研究现状进行总结，并以此为基础，确定本书的研究内容。

　　第1章为湖北省农业农村大数据的发展现状和问题。本章首先从基础设施建设、大数据技术应用、信息进村入户工作开展和农业监管信息化四个方面对湖北省农业农村大数据发展的成效进行总结，再从数据库建设、标准制定、平台搭建、人才培养、科研创新、基础设施保障等六个方面分析湖北省农业农村大数据发展的突出问题，并对其影响程度进行研究。

第2章为湖北省农业农村大数据的发展思路。本章首先从湖北省农业农村大数据发展的整体思路进行阐述，并提出，要以农业农村大数据中心、通信网络、农业农村大数据服务平台、农业农村基础数据库和农业农村电子地图建设为发展重点，以提供专业、便捷的农技服务为突破口，形成"服务换数据，数据促服务"的良性循环，促进大数据与农业生产、经营、管理、服务各环节和农村经济社会各领域深度融合。

第3章为湖北省农业农村大数据的发展路径。本章立足湖北省农业农村大数据发展现状，针对湖北省农业农村大数据发展存在的突出问题，结合湖北省农业农村大数据的发展思路，提出湖北省农业农村大数据的发展路径：即搭建农业农村大数据综合服务平台、建立农业农村大数据标准体系和开展数字乡村试点村建设。

第4章为湖北省农业农村大数据的建设实践。本章对武汉、襄阳、宜昌等市推进农业农村大数据发展的典型案例进行分析，并对湖北省农业农村大数据相关地方标准的制定情况进行介绍。

第5章为湖北省农业农村大数据发展的政策建议。本章从加强对农业农村大数据发展的组织领导、明确农业农村大数据发展参与主体职责、完善农业农村大数据发展的投入机制、重视农业农村大数据人才培养与技术创新和加快农业农村大数据应用成果的示范推广五个方面研究，提出了加快推进湖北省农业农村大数据发展的政策建议。

1 湖北省农业农村大数据的
发展现状和问题

1.1 发展现状

湖北省高度重视农业农村大数据发展，按照数字中国战略、乡村振兴战略和数字乡村战略的相关要求，筑牢农业农村大数据基础设施，推动信息技术和智能装备在农业领域的示范应用，促进农业信息化与农业现代化融合发展，取得了良好成效。

一、信息基础设施逐步完善

截至 2019 年年底，湖北所有行政村、95% 的自然村实现了光纤通达，4G 网络实现农村全覆盖，5G 网络建设和各类商业化应用不断提速。湖北电信光网的农村覆盖率达到 99.5%，移动网覆盖率达到 94%；湖北移动在全省农村地区开通 4G 基站 3 万余个，实现 2.5 万个行政村的 4G 网络全覆盖；湖北联通 4G 基站的农村占比达到 47%，覆盖 1.89 万个行政村；湖北铁塔公司新建农村补盲覆盖站址 1186 个，投入 9400 余万元用于农村基站设施维护和更新。全省每百户农村家庭拥有手机 270 台、计算机 33 台，农村宽带接入用户 499.8 万户。覆盖省、市、县、乡、村的农技服务、信息采集、农产品监测预警、市场监管服务等网络系统不断完善，为全省数字农业发展应用奠定了基础。

二、大数据技术应用逐步深入

在电子政务类应用方面，以湖北省农业农村厅建设的湖北农业信息网为代表，全省县级以上涉农部门尝试利用门户网站发布资讯、政策、知识和服务等信息，并提供与部门职能相关的政务服务。在物联网类应用方面，面向武汉城市圈地区，围绕城郊农业生产、加工、流通环节，依托龙头企业，开展物联网技术及智能装备的应用示范，覆盖面积近 200 万亩。在电子商务类应用方面，以家事易、楚合商城和绿购网等电商平台为代表，主要开展农产品 O2O 网络营销服务，2019 年湖北农产品电商销售额近 700 亿元，涉农电商经营主体超过 2.5 万家。在数字装备应用方面，研发农机信息化智能管理系统，推动北斗导航技术和智能终端在农机中的应用，累计安装北斗终端 1.65 万台（套）。在综合类应用的探索方面，黄冈市农业局自主研发"农业农村大数据科技服务精准化应用平台""农业生产信息综合管理服务系统"和移动 APP"农业好帮手"，为各类涉农主体提供农业农村相关数据服务；湖北省农业科学院在亚洲开发银行和湖北省人民政府的支持下，搭建"农事无忧——农业产业信息公共服务云平台"，为各类涉农主体提供农技推广、农产品电子商务、农资直销、农产品质量追溯等信息服务；武汉市芝华商业数据分析有限公司建立蛋鸡行业大数据平台，构建蛋鸡数据驻点采集模式。

三、信息进村入户工作扎实推进

截至 2019 年年底，湖北共建设标准型、简易型和专业型等各类益农信息社 4647 个，选聘专兼职站点信息员 4683 人、益农社专家 1275 人，覆盖行政村 4234 个。依托益农信息社开展农户和新型农业经营主体人员培训 15 万人次，实施便民服务 32 万人次。截至

2018 年年底，依托各类益农信息社带动农村各类商务、金融等便民服务撮合交易 33.35 亿元；带动休闲农业和乡村旅游 39.34 万人次，促进乡村休闲游和农特产品销售 4.28 亿元，累计实现农村电子商务交易额 15.31 亿元。

四、农业监管信息化水平不断提升

武汉、宜昌、襄阳等地建立了全市统一的农产品质量安全追溯系统，推动新型农业经营主体产品线上全程溯源管理，实现"生产有记录、信息可查询、流向可追踪、质量可追溯、责任可追究"。积极探索"互联网+"农业执法工作，建立农资管理执法服务平台，推动农资企业和销售网点在线监管，促进了农业综合执法监管规范化、在线化和农资管理智慧化。

 # 1.2　面临问题

湖北是推动农业农村大数据应用的试点省份，总体来看，全省农业农村大数据发展与全国农业农村大数据发展步伐基本保持一致。受到人力、物力、财力和意识等多方面因素影响，湖北在发展农业农村大数据的过程中面临以下问题。

一、农业农村基础数据库缺乏

要推进大数据与农业领域的深度融合，充分发挥农业农村大数据生产"定位仪"、市场"导航灯"和管理"指挥棒"的作用，建设能够满足涉农主体应用需求的各类数据库是基础。农业数据历史长、数量大、类型多，相较之下，却没有与之数量相匹配的数据库对这些海量、多样的农业数据进行组织、存储和管理，主要表现在物种数据库、常见病虫害数据库、农产品/农资通用名称数据库、农业产业服务通用名称数据库、行政区划名称数据库、地理信息数据库、度量衡换算数据库、农户基础信息数据库等基础数据库的缺乏①。这些基础数据的普遍特征表现为采集发布周期长，需二次加工、核实和规范格式后才能使用。因此，单靠政府或者社会力量很难在推进这类数据库建设上取得显著成效。

二、农业农村数据标准缺乏

制定农业农村数据标准是推进数据共享开放、发挥各类数据功能的关键一环。当前，口语化、区域化的用词充斥着整个农业农村领域，与之形成鲜明对比的是涉农产品、资源要素、产品交易、农业技术等信息采集、存储、分析、发布和利用标准的缺失。以农产品信息披露为例，需要选取哪些指标反映产品属性、用怎样标准化的语言反映这些指标，至今仍没有一个统一的标准，最直接的影响体现在农产品电子商务领域，消费者无法直接通过产品信息对农产品质量优劣进行判断，进而产生购买行为。此外，各农业部门之间数据分类、交换、访问和安全保密等关键共性标准缺乏，基于互联网应用的涉农数据开发利用标准缺失，这些都对农业农村大数据的开发利用带来不小阻碍。

三、"属农"应用平台（系统）缺乏

信息服务综合应用平台（系统）是数据聚集、整合、分析和提供利用的重要媒介，开发体现农业特色、适应农业特性的大数据应用（系统），是发展农业农村大数据的必然要求。当前，农业各领域应用平台（系统）基本上是照搬其他领域应用平台（系统）的设计思路，大多数软件开发公司简单地认为只需要为现有平台（系统）套上农业的"绿色外衣"就能满足农业领域应用需求，成为农业信息化成果：如当前绝大部分的农业政务

---

① 官波，陈娉婷，罗治情，等. 湖北省农业农村大数据发展问题研究[J]. 农业大数据学报，2021（1）：81-87.

类、政策类、知识类网站，基本上是套用各软件公司的通用模板进行建设，农产品商务类平台（系统）则是完全照搬工业化产品类营销平台（系统），食用农产品追溯系统也是按工业化产品追溯模式进行设计和开发。事实上，这些平台（系统）在投入应用后，由于无法与农业的特殊性、复杂性和综合性相适应，有相当一部分成为"僵尸网站""鸡肋系统"。总体来说，现有的应用平台（系统）与农业领域融合的深度仍然不够、与农业特有属性的适应性仍然不足。

四、农业农村大数据技术人才缺乏

农业农村大数据建设离不开雄厚的人力资源保障。农业科学中因果关系的探究较为复杂，但是利用大数据技术进行相关关系的分析可以突破这些局限。对于这些错综复杂的因果关系的研究，需要多学科配合的团队，不仅需要精通农业的相关人才，还需要懂得大数据挖掘处理的计算机人才、传感器工程师、气象专家和信息管理人才等，这些人才集聚在一起共同构成一个有机的大数据农业技术团队。当前湖北省农业农村大数据人才培养远远落后于需求，缺少农业农村大数据研究的专职队伍、数据专家以及管理人才。

五、农业农村数据应用类研究不足

全国各地对于农业农村大数据建设尚处于初步探索阶段，农业农村大数据研究中利用互联网、物联网、移动互联网、云计算等现代信息技术，通过平台搭建和多媒体手段，指导农业生产的基础层面研究较多。但是，真正通过历史数据、实时数据的采集，挖掘分析农业生产中的影响因素，从数据中发现价值、预测规律、指导生产的研究还不够；针对农业农村大数据研究开发的数据分析模型，数量不够，质量不高。

六、信息基础设施保障能力不足

信息基础设施是发展农业农村大数据的重要保障，其建设不仅要根据具体需求新建，更要注重与原有设施的叠加。信息基础设施建设主要内容包括中心机房建设、数据传输能力建设及终端使用设备几个方面。当前，湖北省信息基础设施建设主要面临以下问题：一是缺乏对信息基础设施建设的整体规划和统筹安排；二是没有集数据采集、存储、分析、应用为一体的湖北农业农村大数据中心；三是仅宽带光纤通村已满足不了农业农村数据采集、应用的实际需求，要尽快推进实现宽带光纤入户步伐；四是移动网络的覆盖范围、信号强度仍需进一步扩大和提高，数据传输能力和移动端设备的接入能力有待增强；五是基层终端设备的更新换代和智能移动终端的推广应用问题仍有待解决。

 # 1.3 问题的影响度分析

为了解基础数据库、数据标准、平台（系统）建设、技术人才、应用研究、基础设施 6 个方面问题对湖北农业农村大数据发展的影响程度，课题组选定武汉、黄冈、襄阳、宜昌作为调查地点，通过专家座谈、问卷调查和田间访问 3200 份，回收有效问卷 2032 份。样本分布情况如表 1-1 所示。

表 1-1 样本的区域分布情况

样本区域	样本问卷
武汉市	560
黄冈市	432
襄阳市	368

样本区域	样本问卷
宜昌市	672
合计	2032

在 2032 名被调查者中，男性受访者有 1760 名，女性受访者有 272 名，从受访者的年龄层分布看，34～44 岁、44～54 岁、54～64 岁三个年龄段的受访者分别占到 17.32%、26.77% 和 30.71%，35 岁以下和 65 岁以上年龄段受访者只占 10.24% 和 14.96%；从受访者的受教育程度看，文盲半文盲、小学、初中、高中、大专及以上教育程度受访者分别占 7.87%、29.92%、40.94%、16.54% 和 4.73%。受访者基本情况如表 1-2 所示。

表 1-2　　　　　　　　　　受访者基本情况

	样本区域	男性		女性	
性别分布	武汉市	496		64	
	黄冈市	336		48	
	襄阳市	352		48	
	宜昌市	576		112	
	总体比例	86.61%		13.39%	
		35 岁以下	34～44 岁	44～54 岁	54～64 岁	65 及以上
年龄分布	武汉市	48	96	160	192	64
	黄冈市	48	64	96	128	48
	襄阳市	48	80	112	96	64
	宜昌市	64	112	176	208	128
	总体比例	10.24%	17.32%	26.77%	30.71%	14.96%
		文盲半文盲	小学	初中	高中	大专及以上

	样本区域		男性		女性	
教育程度	武汉市	16	160	224	128	32
	黄冈市	32	112	160	64	16
	襄阳市	32	112	176	64	16
	宜昌市	80	224	272	80	32
	总体比例	7.87%	29.92%	40.94%	16.54%	4.73%

调查数据显示，认为农业农村大数据应用平台建设对湖北农业农村大数据发展的影响最大的受访者最多，占 75.3%；其次是信息基础设施建设，占 69.2%；认为技术人才储备和基础数据库建设对湖北农业农村大数据发展的影响最大的受访者分别为 59.2% 和 52%；认为数据标准制定和开展应用类研究对湖北农业农村大数据发展的影响最大的受访者占比较少，分别为 30.7% 和 16%。具体情况详见表 1-3。

表 1-3　　　　　　　问题的影响度情况

评价指标	武汉	黄冈	襄阳	宜昌	汇总
农业农村基础数据库	57.1	48.1	47.8	54.8	52.0
农业农村数据标准	34.3	22.2	30.4	35.7	30.7
农业农村大数据应用平台	77.1	74.1	73.9	76.2	75.3
农业农村大数据技术人才	62.9	55.6	56.5	61.9	59.2
农业农村数据应用类研究	17.1	14.8	13.0	19.0	16.0
信息基础设施	71.4	66.7	69.6	69.0	69.2

2 湖北省农业农村大数据的发展思路

2.1 湖北省农业农村大数据发展的整体思路

湖北发展农业农村大数据应把握以下三个核心问题：一是注重对存量数据的激活。信息技术在农业领域应用已有 30 多年，湖北不少单位已经积累了一定数量，且专业化程度较高的农业数据。尽管数据规模可能并未达到大数据的级别，但这些数据资源已经为湖北农业农村大数据建设打下良好的基础。二是注重与全产业链的结合。大数据发展离不开产业大环境，通过与农业全产业链的结合，能够快速获取海量农业数据，并形成规模；通过对海量农业数据的深度挖掘和准确分析，以解决湖北现代农业建设面临的重大问题为目标，发挥大数据作用，指导农业生产、经营和管理，形成"以服务换数据、以数据促服务"的良性循环，推进湖北农业农村大数据的快速形成和及时更新。三是注重对大数据技术的选用。技术是推动大数据不断发展的重要支撑，当前，可视化、社会网络分析、流式数据处理等技术在其他行业已得到广泛应用，并取得了很好的应用效果。具体到农业领域，可选择一种或几种大数据技术，根据技术应用的需要，进行农业农村数据的采集、存储、分析和利用，形成可复制、易推广的农业农村大数据技术应用模式。在把握好以上核心问题的基础上，可从开展整体规划、夯实发展基础、推动技术应用和引导社会参与四个方面来全面推进湖北省农业农村大数据发展。

一、尽快开展农业农村大数据发展整体规划

根据湖北省农业农村大数据发展现状，结合各地区农业农村大数据发展的基础条件和突出特点，对全省农业农村大数据发展进行统一规划和全面布局，分阶段、分重点整体推进湖北省农业农村大数据发展。第一阶段以推进农业全产业链信息数字化为主，第二阶段以推进涉农数据和涉农主体连入网络为主，第三阶段以推进农业农村大数据应用为主。

二、继续夯实农业农村大数据建设基础

由政府主导，各类社会主体共同参与，通过建设农业政策类、农业知识类、农业农村地理信息、农业农村经济资源、涉农专家和乡村农户基础信息6大基础数据库，激活存量数据，并实现涉农数据的结构化，为服务农业全产业链提供基础数据支持。其中，政策类数据库要汇聚各类与"三农"相关的政策法规，并让检索者通过搜索某一关键词，就能检索到适用于湖北省的相关农业政策；知识类数据库要实现对农业全产业链相关知识的整合；地理信息数据库主要包括地理位置、地形、地貌、地质、土壤、水质、大气、气象等信息；经济资源数据库主要包括生物资源、历史文化等信息；乡村基础数据以展示乡村风貌为基础，能够系统介绍乡村自然条件、经济资源、人文、交通、通信等信息，同时反映产业结构、规模等状况；农户基础数据以介绍农户的基本情况为主，重点是农户的种养结构和种养规模。

健全完善涉农主体基础信息、涉农内容信息、基础数据库建设、自然信息披露、社会经济信息披露和涉农主体活动信息等系列标准，构建农业农村大数据标准体系，为实现涉农数据采集、存储

和共享的标准化提供支持。其中，涉农主体基础信息标准主要包括涉农主体身份信息标准、涉农主体实力信息标准和涉农主体的诚信信息；涉农内容信息标准主要包括资讯信息披露规范、政策信息披露规范、知识信息披露规范、产品信息披露规范和服务信息披露规范；基础数据库建设标准主要包括物种分类及定义，品种、病害、虫害命名分类及内容规范，初级农产品通用商品名称、分类及内容规范，通用服务名定义及服务内容规范，计量单位名称定义及内涵界定规范；自然信息披露规范与标准主要包括地理位置、地形、地貌，自然资源中土壤、水质、大气、气候等信息，生物资源信息；社会经济信息披露标准与规范主要包括人口、产业、人文资源等信息；涉农主体活动信息标准与规范主要包括种植、养殖、生产、加工、储藏、销售等过程记录信息。

省级相关部门要加强监督管理，确保涉农数据的真实性和可靠性：一是应制定基本规则，如实名制、诚信保证金制度、风险补偿机制；二是加大虚假信息管理力度，监管部门应成为平台中的一员，按责任划分确定监管对象，除要求监管对象定期上报相关信息外，应通过敏感词汇和关键数据抓取技术，建立网络监管预警机制，提高预警能力；三是加大线上线下相结合的监管机制，加大打击力度，要根据线上监督线索确定重点监控对象，并根据信息异动情况，及时进行现场监察，一旦发现问题，及时处理；四是对于故意违反规则，除按相关法律法规处理外，实行黑名单制度，对相关企业法人、经理人信息进行全公开；五是建立民众举报制度，营造人人有责、全民共建共管氛围；六是推动诚信保障制度，要以各类主体网上行动数据为基础，通过政府、消费者诚信评价办法建立诚信机制。

三、积极推动农业农村大数据应用

积极引导有实力的农业科研机构、农业院校和软件研发企业，按照"系统性、整体性、协同性相统一，信息流、物质流、资金流相协调，线上线下相对接，有用、好用相一致"的总要求，汇集农学、农业经济、计算机、金融、保险等各类专业人才,组建农业农村大数据应用的技术研发团队,根据农业全产业链服务需求,进行湖北省农业农村大数据综合服务云平台及个性化应用系统的设计与研发。优先选择农业农村大数据基础设施条件较好的地区,提升当地乡村、农庭农场、农民合作社、农户等主体的大数据应用能力,提高基层农业农村大数据服务站点人员计算机、移动终端等设备的操作运用水平,并逐步向全省范围覆盖。

四、积极引导社会主体参与农业农村大数据

由省级相关部门出台配套政策,激发各类社会主体服务积极性,引导参与湖北省农业农村大数据建设:一是以后补助方式支持各类涉农主体研发满足农事需要的农业农村大数据应用软件;二是支持涉农专家开展线上线下相结合的技术服务,一方面应明确涉农专家向社会提供在线服务的职责,另一方面应明确涉农专家取得必要报酬的合法性;三是明确涉农企业售后服务责任,要求企业开展线上线下相结合服务,同时,制定财政补贴、税收减免等政策,支持涉农企业开展电子商务活动;四是制定乡村大数据服务站服务收费细则,鼓励开展有偿服务。

 ## 2.2　湖北省农业农村大数据发展的重点

大数据时代背景下,数据的采集和分析方式都发生了极大改变:首先,农业农村大数据将抽样数据转变为所有的数据,使分析结果更加接近事实;其次,农业农村大数据更加注重数据的完整性和混杂性,更有利于全面真实地认识农业生产经营中的各类问题,更加从实际出发;此外,农业农村大数据分析的是数据的相关性,在确保数据实时性的前提下,降低主观因素对数据分析的影响,确保更加及时准确地获取分析结果。为更好地适应这种改变,加快推动大数据与农业生产、经营、管理、服务各环节和农村经济社会各

领域深度融合，湖北农业农村大数据发展重点应放在农业农村大数据中心、通信网络、农业农村大数据服务平台、农业农村基础数据库和农业农村电子地图建设。

一、建设湖北农业农村大数据中心

按照大数据、大服务、大平台的建设理念，遵循系统互通、数据互用、物联互动、高效实用的原则，面向湖北农业农村发展的区域性大数据服务需求，建设省级农业农村大数据中心，并开展特色农业农村数字化服务。其服务主要包括：开通直通各农业主管部门的数字接口，随时提供决策部门所需的各类信息，为政府决策提供数据支撑；为农民和农业合作组织等农业生产者提供基于移动客户端的数据接口，农民无须接收任何培训即可通过手机即时了解市场动态、政策通知情况和最新农业气象水利等实用信息，并获得所需各类数据服务；根据本地农业农村环境特点定制开发微区域农业物联网技术，有针对性地服务区域内农业生产主体；基于本区域农业资源环境相近性，实现区域农业农村大数据联动。湖北农业农村大数据中心建设可由省级农业科研机构牵头，省级农业主管部门监督协调，汇聚社会资本参与，市场化运作，由专业的技术、运营、资本团队负责平台的运维，以"数据+市场+服务"的运营模式整合涉农资源，盘活农业农村资产，提升农业生产水平和农村治理水平。同时，湖北农业农村大数据中心也是湖北农业农村大数据人才培养中心，可为湖北农业农村大数据的可持续发展提供人才储备。

二、构建农业农村大数据网络体系

按照"统筹规划、整合资源、适度超前、保障安全"的原则，实施光纤宽带普及、移动互联、三网融合、下一代互联网等行动，利用互联网、通信网，实现计算机系统、智能应用系统、物联设备的互联互通和数据共享，重点加强乡村通信网络建设，提高乡村网络接入能力，以宽带接入达到 50Mbps 以上为标准加快乡村光纤网络的部署和建设，推进全省行政村区域内 WiFi 覆盖和开放，推动电信运营商升级改造乡村通信网络的基础设施和支撑系统，尽快形成"万物皆连"的湖北农业农村大数据通信网络。

三、搭建湖北省级农业农村大数据服务云平台

根据湖北农业生产、经营、管理、服务和乡村治理、村民生活服务等方面的需要，对现有各类农业信息服务平台及平台数据资源进行整合，搭建省级农业农村大数据服务云平台，开发适应"三农"特点的信息技术、产品、应用和服务，实现农业农村大数据服务云平台上所有应用的数据共享、功能互补和系统协同，向农业全产业链中政府部门、涉农企业、生产经营主体、科研院校、技术服务组织等提供基于大数据的信息服务。省级农业农村大数据服务云平台应用系统需实现以下主要功能：

一是即时通信功能。建立平台用户间信息共享与交流的渠道，实现两人或多人使用网络实时的传递文字消息、文件、语音与视频等。二是视频点播功能。利用互联网和流媒体技术构建能够随意自由地播放各种流媒体格式的音视频和各种文本、文档、图片、动画等课件。三是远程直播功能。利用互联网和流媒体技术构建在线农业教学大课堂，专家通过云直播开展在线教学，将文件、图纸等实物以电子版形式显示在白板上，参与课堂学习的用户通过浏览器、客户端工具等访问和接收云端视频、声音、图像等，并可发表文字、语音等。另外，可将专家直播的教学视频进行录制，形成专家教学视频库，方便用户随时随地收看和学习。四是在线阅览功能。将各种数字化的图书、文档、讲义等资料按照电子图书的方式进行存储，用户可通过浏览器、客户端工具等在线或离线阅读、浏览。五是农业信息管理功能。汇聚平台所有用户分享的农业资讯、农业政策、农业知识（技术）等信息，在满足关键词检索的基础上，同时满足地域性、领域性等查询的需要。六是农业生产管理功能。对农业生产全过程进行数字化管理，满足农业生产标准化、智能化的需要。七是农产品电子商务功能。对农业全产业链中的各类产品

信息进行组织、管理和存储，通过多种销售模式和交易方式的结合，建立适合各类农产品的在线交易模式，满足各类涉农用户对农产品电子商务的需求。八是农产品质量追溯功能。以二维条码为载体，构建农产品质量追溯系统，明确农业全产业链各环节责任主体及其安全责任，实现对农业全产业链的智能化追溯。

四、建设湖北农业农村基础数据库集群

以"有用、好用"为标准，基于湖北农业农村大数据中心、湖北农业农村大数据服务云平台及相关系统的应用需要，建设湖北农业农村基础数据库集群，汇聚全省涉农产业产前、产中和产后各类主体及其活动所产生的各类数据，包括农户、新型农业经营主体、涉农政府部门、农资经销主体、农业生产经营服务主体、农业技术人员及其从事生产、经营、管理和服务的全部数据，主要完成数据审核、数据清洗、数据存储计算与管理、数据安全、备份等功能。湖北农业农村基础数据库集群主要包括以下五大类数据库建设：

一是建设用户基础数据库，采集、整理和储存政府、农业专家、农业企业、农民合作社、家庭农场、种养大户和普通农户等信息数据。二是建设专业类基础数据库，采集、整理和储存乡村土壤、农作物病害、农作物虫害、乡村气候、乡村空气质量、乡村地表水质量、乡村生态环境、地质矿产等信息数据。三是建设资源地理类基础数据库，采集、整理和储存乡村生物资源、乡村地理位置、乡村总面积、乡村地形地貌等信息数据。四是建设经济社会发展类基础数据库，采集、整理和储存乡村人口（包括常住人口、外出务工人员、流动人口、低保户、贫困户、优抚人员、留守老人、残疾人员、留守儿童等）、乡村产业（第一产业、第二产业、第三产业）、乡村种养（农作物种植、林木种植、畜牧养殖、水产养殖）、乡村土地利用（农用地、建设用地、未利用地）、乡村产品（农产品、林业产品、畜牧产品、水产品、特色手工产品、工业产品）、乡村服务等信息数据。五是建设公共设施类基础数据

库，采集、整理和储存交通设施、通信设施、自来水设备、水利设施、环卫设施、安保设施、教育设施、文化设施、体育设施、养老福利设施、便民设施等信息数据。

五、绘制湖北农业农村专题电子地图

运用航空影像、卫星遥感、地理信息、计算机制图等技术，制作湖北农业农村专题电子地图，以三维实景模型全面、直观、真实地反映湖北农业农村发展情况。湖北农业农村专题电子地图建设主要包括以下四大类专题电子地图绘制。

一是绘制用户专题电子地图，在电子地理底图上以定位点的形式表示用户定位、用户分布信息；通过添加属性的方式进行用户个人（单位）名称、用户种养情况、用户土地利用、用户房屋等信息表达。通过专题电子地图可查询、浏览云平台用户信息，包括个人（单位）信息、所在地、分布情况、土地利用、房屋三维图像及其相关信息等。二是绘制种养状况专题电子地图，在电子地理底图上，用范围法展示种养状况专题信息，用真实或者隐含的范围线表示各种养物种的地点、分布范围和规模；在轮廓线内用不同的颜色、网纹、符号及注记表示不同种养物种，并给各种养范围图添加种养用地（水面）所有权、种养用地土壤、种养水面水质等属性信息。通过专题电子地图可查询、浏览湖北全省种养情况，包括品种及分布、规模、地点及分布、地块（水面）所有权、地块土壤、水面水质等。三是绘制土地利用专题电子地图，在电子地理地图上，通过质底法，在不同土地利用类型的轮廓界线内用不同的颜色、网纹、符号进行不同的土地利用类信息的展示，并对地块、水面添加面积、权属等属性信息。通过专题电子地图可查询、浏览湖北全省乡村土地利用现状（农用地、建设用地、未利用地），包括所处位置、分布、面积和权属信息等。四是绘制公共设施专题电子地图，在电子地理地图上，用不同的线状符号展示各级公路、铁路和其他道路等交通信息，以构成交通路网；以定位符号法展示通信、供水、水利、环卫、安保、教育、文化、体育、养老福利、便

39

民等设施的定位、分布信息，并添加不同的属性信息。通过专题电子地图可查询、浏览湖北全省乡村公共设施建设情况，包括所在地、分布、三维图像和参数信息等。

2.3 湖北农业农村大数据发展的突破口

当前，数据的采集、存储、处理等技术已经非常成熟，互联网、物联网、云计算等现代信息技术的应用也已非常广泛，反而是诸如"农业农村数据从哪里来、怎么来"这类非技术性问题，一直得不到很好的解决，造成了"高速公路没车跑"的现象，阻碍了大数据在农业农村领域的应用。因此，发展农业农村大数据，真正缺的不是技术而是思路，具体来说，就是一套农业农村数据的整合思路，只要形成了农业农村大数据，数据用在哪、怎么用、通过什么方式用等问题都能够迎刃而解。可以提供专业、便捷的农技服务为突破口，构建"农业科技成果+平台+用户""农业专家+平台+用户""涉农企业+平台+用户"三类农技服务模式，形成"服务换数据，数据促服务"的良性循环，采集、整合、利用农业全产业链数据资源，在保证数据真实性、准确性的基础上，快速形成农业农村大数据。其中，"服务换数据，数据促服务"的良性循环，即以为各类涉农主体提供所需技术服务为手段，采集农业全产业链各环节原始数据；通过对数据的分析、挖掘，向各类涉农主体提供更精准的技术服务，拉动服务需求。

一、"农业科技成果+平台+用户"模式

该模式主要适用于农业科研机构、涉农企业、农业部门开展农技服务。在"农业科技成果+平台"模式下，农业科技成果被进行了数字化处理，制作成电子文档（包括文字和图片）、音频文件或视频文件，并存放在农业农村大数据服务云平台上，通过建立信息检索机制，引导农户进行自搜自学。各类涉农主体可以利用台式

机、笔记本、手机等终端登录农业农村大数据服务云平台，根据自己的需要随时对想学的内容进行查询、观看和学习；对于部分完全不会用电脑的农户，可以到村级服务站（主要是基层农技推广机构），在相关人员的帮助下登录农业农村大数据服务云平台，对想学的内容进行查询、观看和学习。同时，有条件的农技服务主体可建立实体性的农业科技数字化示范基地，并对示范过程进行全程拍摄，将拍摄的视频制作成看得懂、学得会的科教片放在农业农村大数据服务云平台上，让平台用户实时观看示范基地的种养情况，进行远程模仿、在线或下载学习。

二、"农业专家+平台+用户"模式

该模式主要适用于农业科研人员、农技服务人员开展农技服务。在"农业专家+平台+用户"模式下，农业专家通过在农业农村大数据服务云平台建立专家工作室、开设在线课堂、建立公众服务号等方式进行科技成果展示，并开展技术推广、网上咨询和远程诊断等服务。同时，各类涉农主体可选择通过关注农业专家的公众服务号、在线听课或下载相关视频课件的方式，及时获取和系统学习相关农技知识，并获得线上指导。

三、"涉农企业+平台+用户"模式

该模式主要适用于涉农企业和农民合作社开展农技服务。通过增强服务水平提升消费者的忠诚度，带动企业、合作社的产品销售，进而获取更大的经济利益。在"涉农企业+平台+用户"模式下，涉农企业和农民合作社通过在农业农村大数据服务云平台建立关系圈，将购买其产品且拥有相似农技服务需求的客户聚集到一起，并邀请农业科研人员或者农技推广人员组成关系圈的专家团队，为这些客户提供线上线下服务。客户可通过关系圈检索以往的技术解决方案，也可以直接联系关系圈的专家团队成员寻求帮助。

3 湖北省农业农村大数据的发展路径

◇ 3.1 搭建农业农村大数据综合服务平台

一、平台的设计原则

（一）系统性原则

要对农业农村数据资源、平台功能设置和数据库建设内容之间的关系进行全面考虑，以农业农村数据为核心，以提供高水平农业农村大数据服务为主线，根据农业农村数据的特性和类别，对平台的功能模块、栏目设置和数据库建设进行整体规划和系统设计，使农业农村大数据综合服务平台的运行更像一个整体，而不是简单完成各项功能的堆砌。

（二）易用性原则

为提高平台的用户使用体验，建立稳定的客户群体，并发展潜在用户，要根据不同客户群体的使用习惯和数据服务需求倾向，研究栏目布局，设计栏目类别、层次和风格。通过对目标用户（政府、涉农企业、农业科研机构和大专院校、农村合作组织、农民）的调研，了解用户的信息需求、使用习惯和风格喜好，对导航条进行针对性设计，减少使用者的盲目操作，使其能够快速的查找到所需数据，并进入相应界面享受大数据服务。

(三) 实用性原则

要始终以满足用户的农业农村数据服务需求为目标，在向用户提供大量农业农村数据的前提条件下，充分考虑用户对数据使用的差异化行为特点，改善服务供给方法，提高所提供数据的实用性，让这些数据不仅"找得到"，更"用得着""用得好"。用户在搜索到所需数据后，能够在农业农村大数据综合服务平台的帮助下，对收集到的数据进行甄别和分析，并选择适合自己的方式进行数据利用，在提高数据使用效率的同时，也把数据的价值发挥到最大。

(四) 稳定性原则

要对平台运行环境的复杂性和平台访问过程中可能出现的问题进行预判，通过各类技术手段的运用，保证平台在任何条件下都能够稳定运行。农业农村大数据综合服务平台所面对的是一个庞大的用户群体，用户的访问方式多样，访问条件不一，需要不断对后台程序和平台搭建工具进行优化，尽量避免功能模块间交叉干扰问题的产生和系统崩溃现象的出现，保持平台访问的顺畅，维持平台运行的稳定。

(五) 可扩展性原则

要科学、合理地规划平台结构，为系统升级预留可拓展性接口，实现农业农村大数据综合服务平台的可持续性运行。随着用户数据需求的不断改变以及信息技术的不断发展，一些目前无法实现的大数据服务功能，一段时间后就有被实现的可能。因此，要在初步了解当前信息技术发展和数据需求状况的基础上，对其未来发展趋势作出预测，并运用发展的眼光对平台系统及相应接口进行设计，确保在技术成熟、需求环境都达到条件下，能够对现有农业农村大数据综合服务平台的系统功能进行拓展。

二、平台的功能设置

（一）农业信息推送功能

农业信息推送是农业农村大数据综合服务平台最基本的功能，也是大数据服务最常用的供给方式，它在满足平台用户个性化信息需求的同时，更激发出用户的潜在信息需求①。农业信息推送功能的实现是建立在平台数据资源高效整合和用户需求智能化匹配上的。平台先将农业信息按照农业产品信息、农业科技信息、农业政策及法规信息、农产品市场信息进行分类和整理，再通过互联网、电话网络、短信平台等推送渠道，以用户定制和重点推介的方式，将各类经过简单加工处理的农业信息推送到政府、涉农企事业单位、农村专业合作社以及农户手中。

（二）农业科技推广功能

农技推广是农业农村大数据综合服务平台的核心功能，它直接面向农户，旨在帮助农户解决农业生产中的技术难题，让各类农业实用技术"看得懂、学得会、用得好"，为保证农产品生产质量和提高农业生产效率提供大数据服务支持。农业科技推广功能的实现主要依靠数字化文件的指导教学和农业专家的在线咨询。平台将与农、林、牧、渔等农业实用技术运用数字化手段进行编辑，制作成视频短片、语音文件和演示文档，并在平台上将这些文件进行共享。农户可以根据自身的需求下载相应教学文件，或者直接在平台上免费观看。同时，农户还可以通过平台和农业专家进行线上交流，直接询问在农技运用过程中应该注意的问题事项。如果在技术实施过程中遇到了问题，农户可以通过文件索引在平台上查找相应的解决方案；也可以通过网络终端进行在线咨询，由专家提供具体解决方案。

44

---

① 官波，罗治情，陈娉婷，等. 基于农业产品信息的服务平台设计与功能实现［J］. 农业网络信息，2016（11）：39-43.

（三）农产品电子商务功能

农产品电子商务功能是农业农村大数据综合服务平台的一大重要功能，立足平台强大的农业农村数据资源储备，利用平台对农产品供需主体资源进行整合，通过严格的资格审查机制和在线支付系统的运用，保障交易双方资金和商品安全，实现农产品的虚拟交易。农产品电子商务功能主要通过现货交易模式和订单式交易模式来实现。现货交易模式是由产品需求方主导，通过平台的产品信息推送系统进行需求匹配，从而完成交易的一种方式。商品供给方根据农产品生产情况发布产品信息，平台对发布的农产品信息进行审核，将符合要求的信息归入现货商品数据库，并生成"产品详细信息表"，通过现货商品信息推送系统进行发布，产品需求方通过查询现货商品信息，选择商品及供应者，通过平台支付系统完成交易。订单式交易模式分为产品预售和订单生产两种方式。产品预售式交易模式是由农产品生产方根据生产能力发布农产品预售信息，平台对信息进行审查，将符合要求的信息归入预售商品数据库，并生成"预售产品详细信息表"，商品需求方依据预售信息选择产品供应方，通过平台支付系统完成交易。订单生产模式是商品需求方根据农产品需求情况发布产品需求信息，经平台审查合格后，生成"产品订单信息表"，农产品生产方根据自身生产条件和能力选择订单，订单生成后，商品需求方通过平台支付系统完成交易。

（四）农产品追溯和防伪功能

农产品溯源和防伪功能为农业农村大数据综合服务平台的农产品质量把关，对平台其他功能（尤其是农产品电子商务）的实现提供基础保障，用户可以通过对农产品的溯源和对防伪标识的查询，了解农产品的生产信息、流通信息和储运信息，选择信誉度好、生产资质高的农产品供应方进行合作①。平台的农产品质量溯

45

---

① 官波 . 农业信息服务体系建设研究 ［M］. 武汉：湖北人民出版社，2014.

源功能主要借助农产品溯源码实现（见图 3-1）。在初级农产品生产方，初级农产品生产者在平台注册并填写产品信息后，经平台审核通过会生成初级农产品生产者代码（A1）和初级农产品代码（A2），并归入初级农产品生产者信息库和初级农产品信息库；在生产过程中，平台会要求生产者提供具体生产日志，并把相关信息归入初级农产品生产日志信息库（见表 3-1）。在农资供应方，农资生产者在平台注册并填写相应产品信息后，经平台审核通过会生成农资生产者代码（B1）和农资产品代码（B2），并归入农资生产者信息库和农资产品信息库（见表 3-2）。在农产品加工方，农产品加工者在平台注册并填写产品信息和所用初级农产品溯源代码后，经平台审核通过会生成农产品加工者代码（C1）和加工农产品代码（C2），并归入农产品加工者信息库和加工农产品信息库。消费者在平台查询界面或者生产者展示空间输入农产品溯源码，就会获得农产品加工者信息、初级产品生产者信息和初级农产品生产信息，进而获得农产品生产原料信息以及农资生产者信息。农产品防伪功能也是通过对农产品进行编码实现的（见图 3-2）。产品供

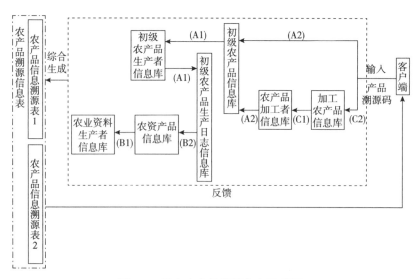

图 3-1　平台农产品溯源信息示意图

应商上传产品信息到平台产品信息库后，生成产品独有的识别编码，消费者购买产品后，可以通过对产品编码的查询，将所购农产品信息与平台信息库信息进行对比，实现农产品防伪功能。

表 3-1   农产品信息溯源表 1

	产品溯源码	产 品 名 称	生产者名称
关联产品信息	A2	与溯源码对应初级农产品名称	A1
	B2	与溯源码对应农资产品名称	B1

表 3-2   农产品信息溯源表 2

	产品溯源码	产 品 名 称	生产者名称
关联产品信息	C2	与溯源码对应的加工农产品名称	A1
	A2	与溯源码对应的初级农产品名称	A1
	B2	与溯源码对应的农资产品名称	B1

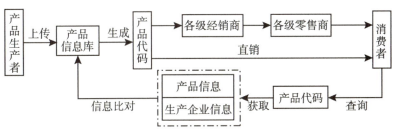

图 3-2 平台产品防伪信息流程图

47

三、平台的数据库构建

（一）物种信息数据库

物种信息数据库是由物种名称信息、物种的病虫害名称信息、物种的初级产品名称信息三类信息数据构成，并按照农林物种、畜牧物种和水生物种进行分类。在进行数据上传时，只用进入物种信息目录，选择相应物种类别，填写"物种名称添加表"（见表3-3），再根据所要上传的信息进入相应数据表进行操作，就会生成"物种名称信息表"（见表3-4）、"物种的病虫害名称信息表"（见表3-5）和"物种的初级产品名称信息表"（见表3-6），经平台审核并符合要求后，录入物种信息数据库。数据库具体构建及信息展示流程如图3-3所示。

表3-3　　　　　　　　　　　**物种名称添加表**

物种分类	物种名称	产品编号	常见病虫害名称	初级产品名称	操作栏
自行选择分类	填写	平台自动生成	填写	填写	修改 添加 删除

表3-4　　　　　　　　　　　**物种名称信息表**

物种分类名称	物种名称（按首字母顺序排列）				
农林物种	（A）	（B）	（C）	…	（Z）
	物种1	物种1	物种1		物种1
	…	…	…		…
	物种n	物种n	物种n		物种n
畜牧物种	（A）	（B）	（C）	…	（Z）
	物种1	物种1	物种1		物种1
	…	…	…		…
水生物种	（A）	（B）	（C）	…	（Z）
	物种1	物种1	物种1		物种1
	…	…	…		…

表 3-5　　　　　　　　　病虫害名称信息表

病虫害名称 （按首字母顺序排列）	物种名称（按首字母顺序排列）				
（A）					
病虫害 1	（a）	（b）	（c）	…	（z）
	物种 1	物种 1	物种 1		物种 1
	…	…	…		…
	物种 n	物种 n	物种 n		物种 n
病虫害 2	（a）	（b）	（c）	…	（z）
	物种 1	物种 1	物种 1		物种 1
	…	…	…		…
	物种 n	物种 n	物种 n		物种 n
……					
（Z）					
病虫害 n	（a）	（b）	（c）	…	（z）
	物种 1	物种 1	物种 1		物种 1
	…	…	…		…
	物种 n	物种 n	物种 n		物种 n

表 3-6　　　　　　　　　初级农产品名称信息表

物种名称 （按首字母顺序排列）	初级农产品名称（按首字母顺序排列）				
（A）					
物种 1	（a）	（b）	（c）	…	（z）
	初级产品 1	初级产品 1	初级产品 1		初级产品 1
	…	…	…		…
	初级产品 n	初级产品 n	初级产品 n		初级产品 n

物种名称 （按首字母顺序排列）	初级农产品名称（按首字母顺序排列）				
物种 2	（a）	（b）	（c）	…	（z）
	初级产品 1	初级产品 1	初级产品 1		初级产品 1
	…	…	…		…
	初级产品 n	初级产品 n	初级产品 n		初级产品 n
……					
（Z）					
物种 1	（a）	（b）	（c）	…	（z）
	初级产品 1	初级产品 1	初级产品 1		初级产品 1
	…	…	…		…
	初级产品 n	初级产品 n	初级产品 n		初级产品 n
……					
物种 n	（a）	（b）	（c）	…	（z）
	初级产品 1	初级产品 1	初级产品 1		初级产品 1
	…	…	…		…
	初级产品 n	初级产品 n	初级产品 n		初级产品 n

（二） 农技服务信息数据库

农技服务信息数据库是由植保技术信息、种植技术信息、养殖技术信息、农药技术信息、病虫害防治技术信息、加工储藏技术信息、农机技术信息和农村新能源设施技术信息等信息数据构成。农业农村大数据综合服务平台与农业院校、农业科研机构、农村专业合作社以及涉农企业合作，将农业技术信息以数字化手段制作成音频、视频和演示文档，录入农技服务信息数据库，并在网页上制作超链接，将涉农企事业单位、农业科研机构和农村专业合作社融入

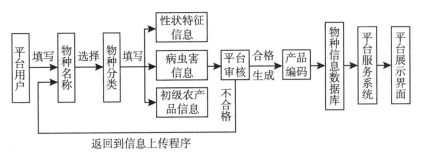

图 3-3 物种信息数据库构建及信息展示流程图

平台的数据资源。

（三）农产品市场信息数据库

农产品市场信息数据库是由农产品生产信息和农产品需求信息两大类信息数据构成。农产品生产信息和农产品需求信息的采集主要基于农业农村大数据综合服务平台自身的用户资源展开。农产品生产方或者供应方填写产品供给信息，包括产品名称、产品总量、产品质量等级以及供给周期等，经平台审核并符合要求后，生成"产品供给详细信息表"，归入农产品市场信息数据库。农产品需求方填写产品需求信息，包括产品名称、需求总量、产品要求以及需求有效期限等，经平台审核并符合要求后，生成"农产品需求信息表"，归入农产品市场信息数据库。

（四）农业行业资讯信息数据库

农业行业资讯信息数据库是由种子行业信息、农药行业信息、肥料行业信息、农业机械行业信息、农产品加工行业信息、仓储行业信息、物流行业信息和产品质量监测行业信息等信息构成。在进行数据采集时，只要进入行业资讯信息分类目录，按照农业农村大数据综合服务平台提供的统一文档模板填写相应信息，经平台审核并符合要求后，录入行业资讯信息数据库；并通过与行业网站或与权威数据库进行链接的方式，对平台自建行业资讯信息数据库进行

51

扩容。

(五) 农业政策法规信息数据库

农业政策法规信息数据库是由国家机关、省级机关、市级机关和县级机关发布的行为规范类文件、扶持补贴类文件、项目管理类文件和其他综合性文件信息构成。农业农村大数据综合服务平台通过网页链接的方式，将权威机关发布的政策法规信息在平台页面上进行发布，用户只要点击网页的超链接就能够进入对应部门网站查阅准确文件内容。

(六) 平台注册用户信息数据库

平台注册用户信息数据库在进行数据分类时，将平台注册用户分为政府机关、涉农企业、农业专家、农业科研机构和一般用户。其中，涉农企业在注册时被分为农资企业、农产品生产企业、农产品加工企业和农产品销售企业等；农业专家被分为农技专家、农业政策专家和农业法律专家等；农业科研机构被分为农产品研发机构和农业技术研发机构等。用户在注册后都会生成自己专有的用户编码，通过对编号的操作可以实现用户查询、信息修改和资格认定等数据库功能。

3.2 建立农业农村大数据标准体系

为提高信息传播和利用效率，更好地推进涉农主体间信息的互通互享，真正实现农业农村大数据应用，需要规范农业相关信息的采集、存储和分享行为，建立相应的标准体系。当前，在农业信息技术领域，已颁布的标准超过 5000 项，内容涉及种养行业、数据通信、电子数据交换等，但关于乡村信息分类的标准未见报道。在国家标准全文公开系统和地方标准服务平台，检索农业信息相关标准发现，已颁布实施的国家标准仅有 21 个，地方标准仅有 25 个。随着信息技术的飞速发展，农业信息也呈现出爆炸式增长。然而我国农业信息资源建设还处于初步探索阶段，没有完整规范的标准体系，导致农业信息分散没有秩序，难以实现有效地存储、共享和利用。

当前，为支撑农业农村大数据的应用，围绕农业农村生产、经营、管理和服务的关键环节，应重点建立农业物种信息、食用农产品质量安全信息、农产品电子商务信息、乡村基础信息等系列标准，尽快形成数据链闭环。

一、农业物种信息分类标准

（一）农业物种信息分类标准化现状

对于网络农业信息分类方法的探索，国内专家、学者在分类思想、原则和方法等方面进行了诸多先行研究，并取得一定学术成果。同时，各类涉农网站的创建，特别是国家级、省（市）级权威农业信息平台搭建，也为信息分类方法的应用提供了实践支持。通过对专家、学者所提出的网络农业信息分类体系和各类涉农网站所应用的农业信息分类方法进行分析，可以发现，网络农业信息的分类具有以下特点：一是网络农业信息分类一般以相关领域的现行分类标准为参考。这些标准主要分为两个层级：国际标准，包括《商品名称及编码协调制度》（HS）、联合国的《主要产品分类》（CPC）、《标准产品和服务代码》（SPSC）和国际食品法典委员会《食品和动物饲料分类》（CAC）等标准；国家标准，包括《国民经济行业分类》（GB/T4754—2011）、《中国图书馆分类法》、《中国植物分类与代码》（GB/T14467—1993）、《中国动物分类代码第1部分：脊椎动物》（GB/T15628.1—2009）、《全国主要产品分类与代码》（GB/T7635—2002）等。其中，以《国民经济行业分类》和《中国图书馆分类法》的应用最为广泛。二是网络农业信息的分类方法趋同。网络农业信息的分类主要采取线分类法、面分类法和混合分类法。线分类法具有层次性好、逻辑性强和实用性高的特点，既符合手工处理信息的传统习惯，也方便计算机的运行处理。面分类法则具有扩充性强和结构弹性好的优点，不必预先确定好最后的分组，更符合计算机管理要求。采用线面结合的混合分类法既避免了线分类法信息遗漏问题的产生，也克服了面分类法容量利用不充分、组配结构过于复杂、手工处理不方便的缺点，先将网络农业信息按照行业分类，再按信息内容的属性进行分类，更符合一般查找习惯和进行数据系统管理的需要。三是现有网络农业信息分类的相同类目较多①。农业科技信息、种植业、养殖业、林业、水产渔业、农产品加工、行业资讯、农业经济和政策法规九大类目占到现行网络农业信息分类总类目的90%以上。类目的相似度高，也客观反映出用户对农业信息在总体需求上的趋同。

以上特点表明，现阶段网络农业信息分类体系正在逐步走向成熟，不但拥有一套认同度较高的基本分类方法，其类目设置也更符合用户对农业信息的实际需求。但是，由于整体规划和网络信息标准化工作的滞后，到目前为止，仍没能形成一个得到广泛认可、科学且系统的信息分类体系，用以满足网络农业信息管理和应用的需要。统一分类标准的缺失，直接表现为农业信息在各级类目设置上的随意性，这种随意性不但容易引发信息遗漏的风险，还易导致类目之间逻辑关系的混乱。因此，必须找出一条清晰的逻辑主线，对所需分类的网络农业信息进行刻画，进而建立一个统一的网络农业信息分类体系。

实践表明，将农业信息分类工作转变为农业物种信息分类工作，以农业物种为核心，以农业产业链条为主线，对农业信息进行整合，是明晰农业信息边界，建立以物种分类为基础的农业信息分类体系的有效途径。其中，如何充分考虑农业农村领域应用的鲜明特点，结合大数据应用的具体要求，进行基于大数据应用的农业物种分类体系构建是关键。

---

① 陈娉婷，罗治情，官波，等. 基于农业产业信息化应用的农业物种分类和编码 [J]. 湖北农业科学，2014（21）：5264-5267，5272.

（二）农业物种信息分类标准化存在的问题

1. 自成体系、标准不一

目前，中国农业各行业分管机构的设置相对独立，而每个机构往往只重点针对本行业所涉及物种进行收集、整理和归类。同时，在物种分类过程中，农业各行业分管机构之间缺乏协调合作机制，导致物种分类工作呈现出各自为政的局面，各行业所建立的分类体系缺乏关联性。此外，统一分类标准的缺失，致使各行业所建立的农业物种分类体系无法实现有效融合。

2. 网络环境适用性较差

传统农业物种分类参考生物分类标准，主要是根据物种的相似程度（包括形态结构和生理功能等方面特征），把农业物种划分为种和属等不同的等级，并对每一类群的形态结构和生理功能等特征进行科学的描述，以弄清不同类群之间的亲缘关系和进化关系，对做好农业科研工作帮助较大。然而，在互联网环境中，强调信息之间的关联性，要求能够通过某一关键词或者信息特征方便、快捷地获取特定信息以及与信息相关的海量数据，显然，庞大、系统、专业的传统农业物种分类体系无法满足互联网通俗、易懂、便于检索的应用要求。

3. 物种命名有待规范

在前人研究的分类体系和国家标准中，还没有对农业物种的命名规则进行规范研究。农业物种名称存在俗名和学名混用，同物异名和同名异物的状况十分严重。比如粟在《中国植物志》中的中文名称为粟，拉丁名为 *Setaria italica*（L.）*Beauv.*，在中国北方俗称谷子，又可被叫为小米。站在不同的认知角度，这三个名称都是对的。同时，变种和物种分辨不清也是一个严重的问题。以蔬菜行业为例，很多人认为花椰菜和青花菜是两个物种，其实它们是甘蓝 *Brassica oleracea L.* 的两个变种。此外，由于人类长期驯化培育，动物类的品种品系越来越多且亲系来源繁杂，有的来自自然杂交，有的属于自身变异，有的来源甚至连培育者本人都不是非常清楚，这也给农业物种命名的规范化带来了阻碍。

55

(三) 基于大数据应用的农业物种信息分类与编码

1. 农业物种信息分类原则

基于以上现行分类体系存在的问题,充分考虑农业信息内容、信息管理和信息需求特点,面向大数据应用的农业物种信息分类应遵循以下原则:一是科学性原则,要求以信息内容最稳定的本质属性和特征为分类基础和依据。二是系统性原则,要求将选定的信息属性和特征按一定规则进行归类、整理和排列,形成具有较强逻辑主线的分类体系。三是规范性原则,要求分类符合国际、国家、地方和相关行业的规范性文件要求。四是兼容性原则,要考虑各个涉农主体的使用习惯,最大限度涵盖现有分类目。五是可延展性原则,要设置或预留足够的类目,保证新物种或品种出现时已建分类体系和结构的完整。六是易用性原则,要求分类体系不能太复杂、专业性过强,应简单且容易理解,充分满足互联网用户易浏览、便检索的使用要求,便于数据挖掘和知识发现。

2. 农业物种信息分类方法

根据农业物种信息分类体系构建原则,考虑互联网和农业产业信息化应用特点,采用线面结合的分类法,将农业生产中涉及的物种划分为7个等级,2个大类,32个中类,57个小类,若干个细类,第5、6、7级分别为科类、属类和物种名称(见图3-4)。

大类设两个类目,即动物类和植物类。农业领域内涵广泛,为了最大限度地包含所有农业物种,并给以后增加新的类目留下足够逻辑空间,本分类体系借鉴生物分类学中植物界和动物界的概念,将大类设为植物类和动物类,既具备科学性,又满足通俗易懂的要求。

中类设32个类目,以物种所能生成农产品的主要经济用途为参考,确定中类类目名称。由粮食类、纤维类、油料类、糖料类、嗜好类和瓜果蔬菜类等21个用途类目共同构成植物类;由肉用类、肉蛋兼用类、肉奶兼用类、役力类和饲料类等11个用途类目共同构成动物类。以农产品经济用途为划分依据,主要出于以下几点考虑:第一,农产品只有具有一定的经济价值,各涉农主体才会对其

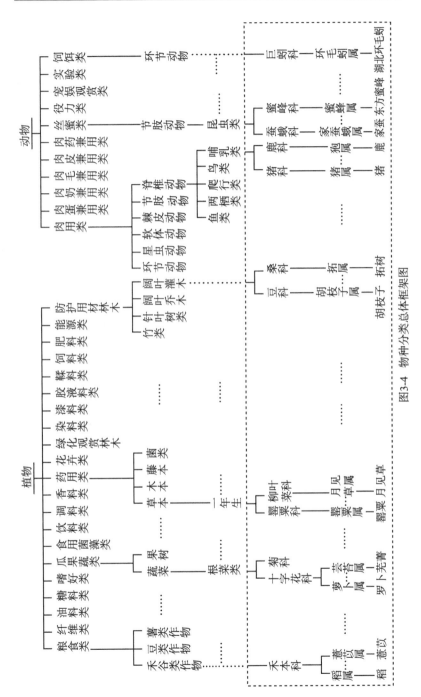

图3-4 物种分类总体框架图

相关信息产生兴趣，并进行检索。第二，各涉农主体一般都是带着某种目的进行信息查询，按经济用途进行细分，能够帮助其准确定位所需信息的所处类别。第三，通过明确农产品的经济用途，能更好体现对应农业物种在产业链中的价值，方便围绕物种进行相关信息的整合和利用。

小类和细类分别参照《中国植物志》和《中国动物志》中门和纲这两个阶元的名称来命名。设置这两个层级，是为了在类目上与各农业行业的分类习惯保持一致。

科和属类分别参照《中国植物志》和《中国动物志》中科和属这两个阶元的名称来命名。设置这两个层级，主要是为了保证物种信息检索结果的关联性。

物种名称参照《中国植物志》和《中国动物志》中种这一阶元的名称来命名。设置这一层级，是为了规范农业行业的物种命名规则，实现信息的无障碍共享。

3. 农业物种信息编码设计

农业物种信息编码选择顺序码，分类代码结构图见图 3-5。信息元素即编码对象，是物种的分类以及物种本身的数据元素集合。在确定了编码对象之后，就要制定编码、分层和各码位的规范取值规则，对每一编码对象制定码长。根据该分类体系的特点，采用 14 位的定长码。第一层用英文字母表示，取分类文字汉语拼音的第一个字母作为编码的号码，即"Z"表示植物，"D"表示动物；后面五层采用 2 位数字的定长码，即用数字 01～99 表示，各码位代表相应的类别或属性；最后一层为物种代码，使用 001～999 表示。除第一层外，每一层的编码采用数字顺序编码，动态递增产生系列顺序代码号，随着编码的增加而产生新的类别代码和物种代码。根据上述规则编制分类体系代码表，即按既定的编码规则对所有编码对象进行编码，编制出本书分类体系中所有信息元素的取值表（详见图 3-6）。

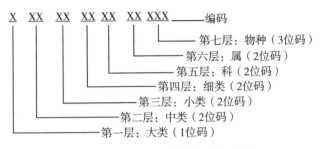

图 3-5　农业物种分类代码结构图

代码							名称
大类	中类	小类	细类	科	属	物种	
Z							植物
	01						粮食类
		01					禾谷类
			00				
				01			禾本类
					01		稻属
						001	稻
…	…	…	…	…	…	…	…

图 3-6　农业物种分类代码

二、食用农产品质量安全信息标准

（一）食用农产品质量安全信息分类

根据食用农产品质量影响因素，可将食用农产品质量安全信息按照产业链流程分为：生产环境信息、投入品信息、生产信息、加工信息、包装信息、储运信息、销售信息等①。下面以食用农产品生鲜苹果为例，逐个分析每一个环节所需要提供的信息要素。

1. 产地环境信息

产地环境信息主要包括空气质量、灌溉水质量、土壤质量和土

　　① 陈娉婷，邓丹丹，罗治情，等．食用农产品质量安全信息标准体系建设研究——以苹果为例 ［J］．天津农业科学，2017（12）：16-21.

59

壤肥力信息四类，参考《农田灌溉水质标准》（GB5084—2005）、《食用农产品产 地环境质量评价标准》（HJ/T332—2006）、《环境空气质量标准》（GB3095—2012）和《绿色食品产地环境质量》（NY/T391—2013）四个国家标准，确定每个类别的具体项目。

2. 投入品信息

投入品信息主要包括苗木、农药、肥料和育果纸袋信息四类，可参考《农药合理使用准则》（GB/ T8321.1-9—2000）、《肥料合理使用准则通则》（NY/T496—2010）、《绿色食品农药使用准则》（NY/T393—2013）、《绿色食品肥料使用准则》（NY/T394—2013）、《肥料中砷、镉、铅、铬、汞生态指标》（GB/T23349—2009）等国家标准，来确定每个类别的具体项目。与产地环境不同，因使用不当也会对农产品的质量安全造成直接影响，因此，除了投入品本身的安全信息外还需要披露投入品的使用信息。

3. 生产信息

苹果生产过程主要有土肥水管理、整形修剪、花果管理、病虫害综合防治等环节，其中土肥水和病虫害防治已在前面信息中体现。整形修剪、花果管理可参照《苹果生产技术规程》（NY/T441—2013）、《水果套袋技术规程苹果》（NY/T1505—2007）两个国家标准来确定各类别下的具体项目。

4. 采后包装和储运信息

采后包装和储运是保证苹果的生理和品质的重要环节之一。包装、储藏和运输可参照《苹果、柑橘包装》（GBT1360 —1992）、《苹果采收与储运技术规范》（NYT983—2015）、《苹果冷藏技术》（GBT8559—2008）三个国家标准，确定每个类别的具体项目。

5. 销售信息

进入销售环节以后，对消费者而言，最关注的是苹果好不好吃、安不安全。这两个方面的信息由苹果的品质质量信息和果实的农药残留信息来提供。根据《鲜苹果》（GB/T1065 —2008）和《苹果品质指标评价规范》（NYT2316—2013）中对苹果等级的指标描述，品质质量信息主要包括为外观品质、内在品质和理化品质信息三类。参考最新国家标准《食品安全国家标准食品中农药最大残留限量》（GB2763—2016）中对于苹果的农药残留要求，农药残留信息主要包括除草剂、杀菌剂、杀螨剂、杀虫剂、杀线虫剂和植物生长调节剂六类。

（二）食用农产品质量安全信息标准体系

食用农产品质量安全信息标准体系由生产环境信息标准体系、投入品信息标准体系、生产信息标准体系、加工信息标准体系、包装和储运信息标准体系、销售信息标准体系构成。根据食用农产品属性的不同，信息标准的指标设定可以有所调整，但信息标准的结构不会发生变化，仍是按照生产过程的环节划分信息类别。

1. 产地环境信息标准

表 3-7　　　　　　　　产地环境信息

类别	项　　目
空气质量	总悬浮颗粒、二氧化硫、二氧化氮、氟化物、臭氧、苯并芘、铅、一氧化碳、PM10、PM2.5、氮氧化物
灌溉水质量	pH值、总汞、总镉、总砷、六价铬、总铅、五日生化需氧量、化学需氧量、悬浮物、阴离子表面活性剂、水温、三氯乙醛、粪大肠菌群数、蛔虫卵数、全盐量、氯化物、总铜、总锌、总硒、氟化物、硫化物、氰化物、石油类、挥发酚、苯、丙烯醛、总硼
土壤质量	土壤pH值、总镉、总汞、总砷、总铅、总铬、总铜、六六六、滴滴涕、总锌、总镍、稀土总量（氧化稀土）、全盐量
土壤肥力	有机质、全氮、全磷、全钾、碱解氮、有效磷、有效钾、有效铜、有效锌、有效铁、有效锰、有效钼、有效硼、阳离子交换量（CEC）、碳氮比、质地、容重、水稳性团聚体、孔隙度、土壤耕层温度变幅、土层厚度、土壤含水量、粘粒含量、腐殖酸、微生物态碳、微生物态氮、土壤酶活性、地下水深度、坡度、林网化水平

注：所列项目的具体参数可按照相应的国家发布的检测技术标准进行测量；安全指数则按照相关国家标准发布浓度限值进行规范。

2. 投入品信息标准

表 3-8 投入品信息

类别	项　　目
苗木	品种、砧木类型、检疫对象、病虫害、冻害、机械伤、侧根状态、结合部和砧桩愈合状态、根皮与茎皮状态、侧根条数、根砧长度、中间砧长度、苗木高度、苗木粗度、倾斜度、整形带内饱满芽数
农药	除草剂、杀菌剂、杀螨剂、杀虫剂、杀线虫剂、植物生长调节剂
肥料	农家肥料（秸秆、绿肥、厩肥、堆肥、沤肥、沼肥、饼肥）、有机肥料、微生物肥料、有机-无机复混肥料、无机肥料、土壤调节剂
育果纸袋	定量、定量偏差、抗张指数、湿抗张强度、撕裂指数、透气度、吸水性、褐色实验、有害物质铅、有害物质砷、纸袋颜色、蜡、黏合剂

注：其中农药和肥料的施用规范可参考相应的国家标准进行；苗木和育果纸袋所列项目的具体参数可参考国家发布的相关检测技术和安全限值进行规范。

3. 生产信息标准体系

表 3-9 生　产　信　息

类别	项　　目
整形修剪	果树树形、果树栽植密度、修剪时期
花果管理	花果间距、叶果比、枝果比、果园每亩留果量、疏果时间、套袋时期、套袋时间、除袋时期、除袋时间、摘叶次数、摘叶时间、每亩果树下铺设反光膜面积、铺反光膜后树冠的地面透光率、转果时间

注：所列项目的具体参数可参考国家发布的相关检测技术和安全限值进行规范。

4. 包装和储运信息标准

表 3-10   包装和储运信息

类别	项　　目
包装	包装环境、包装规格、包装材料、包装标识
储藏	入库前理化指标、预冷方式、入库方式、堆码方式、储藏密度、储藏方式、储藏条件、储藏时间、出库理化指标
运输	运输环境、堆码方式、运输距离、运输规模、运输工具、运输方式

注：所列项目的具体参数可参考国家发布的相关检测技术和安全限值进行规范。

5. 销售信息标准

表 3-11   苹果质量等级信息

类别	项　　目
外观品质指标	果实大小、果实形状、果实颜色、果点大小和疏密、果锈、果梗、果面光滑度、果面缺陷（刺伤、碰压伤、磨伤、日灼、药害、雹伤、裂果、裂纹、病虫果、虫伤、其他小瑕疵）
内在品质指标	果心大小、果肉颜色、果肉质地、果肉粗细、汁液多少、风味、香气、异味
理化品质指标	果实硬度、可溶性固形物含量、可溶性糖含量、可滴定酸含量、维生素 C 含量、耐储存性

注：表中所列项目的具体参数可参考国家发布的相关检测技术和安全限值进行规范。

63

表 3-12   苹果的农药残留信息

类别	项　　目
除草剂	2，4-滴和 2，4-滴钠盐（2，4-D 和 2，4-DNa）、2 甲 4 氯（钠）[MCPA（sodium）]、百草枯（paraquat）、吡草醚（pyraflufen-ethyl）、草甘膦（glyphosate）、敌草快（diquat）、氟吡禾灵（haloxyfop）、杀草强（amitrole）

类别	项　目
杀菌剂	百菌清（chlorothalonil）、苯氟磺胺（dichlofluanid）、苯菌灵（benomyl）、苯醚甲环唑（difenoconazole）、吡唑醚菌酯（pyraclostrobin）、丙环唑（propiconazole）、丙森锌（propineb）、代森铵（amobam）、代森联（metriam）、代森锰锌（mancozeb）、代森锌（zineb）、敌螨普（dinocap）、丁香菌酯（coumoxystrobin）、丁酰菌胺（boscalid）、多果定（dodine）、多菌灵（carbendazim）、多抗霉素（polyoxins）、二苯胺（diphenylamine）、二氰蒽醌（dithianon）、氟硅唑（flusilazole）、氟环唑（epoxiconazole）、福美双（thiram）、福美锌（ziram）、己唑醇（hexaconazole）、甲苯氟磺胺（tolylfluanid）、甲基硫菌灵（thiophanate-methyl）、甲霜灵和精甲霜灵（metalaxyl 和 metalaxyl -M）、腈苯唑（fenbuconazole）、腈菌唑（myclobutanil）、克菌丹（captan）、喹啉铜（oxine-copper）、联苯三唑醇（bitertanol）、氯苯嘧啶醇（fenarimol）、咪鲜胺和咪鲜胺锰盐（prochloraz 和 prochloraz-manganese chloride complex）、醚菌酯（kresoxim-methyl）、嘧菌环胺（cyprodinil）、嘧霉胺（pyrimethanil）、灭菌丹（folpet）、宁南霉素（ningnanmycin）、嗪氨灵（triforine）、噻菌灵（thiabendazole）、三乙膦酸铝（fosetyl-aluminium）、三唑醇（triadimenol）、三唑酮（triadimefon）、双胍三辛烷基苯磺酸盐［iminoctadinetris（albesilate）］、肟菌酯（trifloxystrobin）、戊菌唑（penconazole）、戊唑醇（tebuconazole）、烯唑醇（diniconazole）、辛菌胺（xinjunan）、溴菌腈（bromothalonil）、亚胺唑（imibenconazole）、乙酸素（ethylicin）、异菌脲（iprodione）、抑霉唑（imazalil）
杀螨剂	苯丁锡（fenbutatin oxide）、哒螨灵（pyridaben）、噁唑菌酮（famoxadone）、联苯肼酯（bifenazate）、联苯菊酯（bifenthrin）、螺螨酯（spirodiclofen）、内吸磷（demeton）、炔螨特（propargite）、噻螨酮（hexythiazox）、三氯杀螨醇（dicofol）、三氯杀螨砜（tetradifon）、三唑锡（azocyclotin）、双甲脒（amitraz）、四螨嗪（clofentezine）、溴螨酯（bromopropylate）、唑螨酯（fenpyroximate）

类别	项　　目
杀虫剂	阿维菌素（abamectin）、保棉磷（azinphos-methyl）、倍硫磷（fenthion）、苯线磷（fenamiphos）、吡虫啉（imidacloprid）、丙溴磷（profenofos）、虫酰肼（tebufenozide）、除虫脲（diflubenzuron）、单甲脒和单甲脒盐酸盐（semiamitraz 和 semiamitraz chloride）、敌百虫（trichlorfon）、敌敌畏（dichlorvos）、地虫硫磷（fonofos）、丁硫克百威（carbosulfan）、啶虫脒（acetamiprid）、毒死蜱（chlorpyrifos）、对硫磷（parathion）、多杀霉素（spinosad）、二嗪磷（diazinon）、伏杀硫磷（phosalone）、氟苯脲（teflubenzuron）、氟虫腈（fipronil）、氟虫脲（flufenoxuron）、氟啶虫酰胺（flonicamid）、氟氯氰菊酯和高效氟氯氰菊酯（cyfluthrin 和 beta-cyfluthrin）、氟氰戊菊酯（flucythrinate）、氟酰脲（novaluron）、甲胺磷（methamidophos）、甲拌磷（phorate）、甲基对硫磷（parathion-methyl）、甲基硫环磷（phosfolan-methyl）、甲基异柳磷（isofenphos-methyl）、甲氰菊酯（fenpropathrin）、甲氧虫酰肼（methoxyfenozide）、久效磷（monocrotophos）、抗蚜威（pirimicarb）、克百威（carbofuran）、乐果（dimethoate）、磷胺（phosphamidon）、硫丹（endosulfan）、硫环磷（phosfolan）、硫线磷（cadusafos）、螺虫乙酯（spirotetramat）、氯虫苯甲酰胺（chlorantraniliprole）、氯氟氰菊酯和高效氯氟氰菊酯（cyhalothrin 和 lambda-cyhalothrin）、氯菊酯（permethrin）、氯氰菊酯和高效氯氰菊酯（cypermethrin 和 beta-cypermethrin）、氯唑磷（isazofos）、马拉硫磷（malathion）、醚菊酯（etofenprox）、灭多威（methomyl）、氰戊菊酯和 S-氰戊菊酯（fenvalerate 和 esfenvalerate）、噻虫啉（thiacloprid）、三唑磷（triazophos）、杀虫单（thiosultap- monosodium）、杀虫脒（chlordimeform）、杀虫双（thiosultap -disodium）、杀铃脲（triflumuron）、杀螟硫磷（fenitrothion）、杀扑磷（methidathion）、水胺硫磷（isocarbophos）、特丁硫磷（terbufos）、涕灭威（aldicarb）、辛硫磷（phoxim）、溴氰菊酯（deltamethrin）、蚜灭磷（vamidothion）、亚胺硫磷（phosmet）、氧乐果（omethoate）、乙酰甲胺磷（acephate）、蝇毒磷（coumaphos）、治螟磷（sulfotep）、艾氏剂（aldrin）、滴滴涕（DDT）、狄氏剂（dieldrin）、毒杀芬（camphechlor）、六六六（HCH）、氯丹（chlordane）、灭蚁灵（mirex）、七氯（heptachlor）、异狄氏剂（endrin）

类别	项　　目
杀线虫剂	灭线磷（ethoprophos）
植物生长调节剂	多效唑（paclobutrazol）、萘乙酸和萘乙酸钠（1-naphthylacetic acid 和 sodium 1-naphthalacitic acid）、乙烯利（ethephon）

注：苹果农药残留限值参见国家标准《食品安全国家标准食品中农药最大残留限量》（GB2763—2016），项目的检测技术可参照相应的国家检测技术标准。

三、农产品电子商务信息标准

随着农产品电子商务的迅速发展，为了保证农产品信息的快速、准确的获取与共享，迫切需要对农产品信息进行标准化管理。同时，依据相关规范中对产品信息的数据结构和格式来组织、管理和发布农产品信息，以满足农产品信息标准化发展的需要。电子商务农产品信息是对产前、产中、产后全产业链的主体和过程的信息整合，涉及范围非常广泛，既包含涉农产品主体信息披露的标准化，也涉及农产品生产、加工、储运、销售等各环节信息的标准化[1]。通过建立健全农产品电子商务信息标准，不仅可以最大程度保障消费者，促进农产品电子商务市场有序健康发展，更利用大数据分析和利用农产品信息资源，帮助实现农产品信息全程可追溯。

（一）农产品命名规范

现阶段，国内外对物种的名称有统一的命名规范，但是对农产品还没有。农产品的名称存在随意性强，同物异名、同名异物等问题。因此，建立统一的规范化的农产品名称是标准化建设的首要任务。农产品命名原则要遵循科学性、唯一性、易懂性和系统性。科

66

① 陈娉婷，罗治情，沈祥成，等. 电子商务农产品信息标准化发展研究［J］. 标准科学，2019（9）：97-101，106.

学性是指农产品的名称要具有科学的依据和来源。唯一性是指要通过合理的命名规则避免同物异名和同名异物的情况出现。易懂性是为了方便农产品信息在共享和利用的过程中能被大部分涉农人员理解、接受和应用。系统性是指农产品的命名与物种的分类系统形成统一的分类体系和信息编码体系，便于农业信息资源的整合和开发。因此，农产品的名称应以其来源的物种名称为基础，再结合产品特性来统一命名。

（二）　农产品电子商务信息分类

农产品分类体系须遵循科学性、系统性、兼容性、可延展性和综合实用性等五个原则。科学性要求以农产品的本质属性或特征为分类基础。系统性要求农产品分类项目具有合理的顺序。兼容性是要与农业相关其他信息标准协调一致。可延展性是指再有新的农产品加入系统时，不打乱系统原有的顺序和结构。综合实用性要求该体系既能满足农产品网络信息资源利用的需求，又可以满足各相关单位的数据统计需要。结合农产品电子商务的特点，参考工业产品等信息分类方法，农产品电子商务信息的分类方法应以线性分类法为基础分类方法。为了便于农业信息的互联互通，农产品电子商务信息分类体系的第一、二、三级分类采用了地方标准《农业种养物种信息化分类与编码》中的第一、二、三级分类项目。

（三）　农产品电子商务信息发布规范总体框架

目前，通过电子商务平台集成形成了农产品全产业链网络，使农产品生产、加工、销售和服务领域更加细化，这种具有专业化和标准化的方式不仅是对党的"十九大"提出的"推动互联网与实体经济的深度融合"的一种实践，也提供了一种通过互联网技术实现农产品追溯的思路。因此，通过对农产品的生产流通过程的分析，明确农产品信息流的模式，结合 GAP 和 HACCP 以及正在实施的相关农产品标准为依据，建立农产品电子商务信息发布主体及范围。

农产品电子商务信息发布主体包括：农产品生产者、农产品加工者、各级批发主体、物流供应主体和销售主体。信息范围包括：

67

生产环节、加工环节、批发环节、物流环节和销售环节。将以上所列出的主体信息和环节信息有机地组织在一起，形成农产品全程信息发布体系，既提高了农产品供应链全程信息的透明度，也建立了农产品电子商务信息发布标准（见表3-13）。

表3-13　　　　　　**农产品电子商务信息发布标准结构**

项目名称	信息类别
一般信息	农产品通用名称、行业分类、产品分类、关联物种等
生产信息	生产者信息（生产企业名称、生产许可证、资质等）、生产基地、种植/养殖条件、生产记录、采收等
加工信息	加工单位、加工原料、加工过程、加工添加物、包装等
批发信息	批发单位、检测报告、储存条件、交易记录等
物流信息	运输日期、运输数量、运输方式、运输工具、运输工具型号、运输工具牌号、运输工具环境条件、运输起止地点、运输工具处理等
销售信息	经销商、产品可售量、产品起售量、单次最大供货量、保质期、进货时间、销售时间/上架时间、销售方式、销售地点及环境卫生状况、销售价格、售后服务等

（四）农产品电子商务信息详细规范

由于每种农产品所携带的遗传基因不同，对产地环境的要求、对生产管理和技术、对病虫害的防治方法、对储藏保鲜方式以及农产品品质等级等的要求各不相同。为了保证信息发布的准确性、真实性和可操作性，参考世界上主要国际组织和发达国家对每一种农作物制定一个质量标准规范的方式，除了需要农产品总体框架中的信息类别外，增加一些具有每一种农产品特点的信息类别。以一种植物类的农产品为例，该规范中应包括：产地环境、生产技术、病虫害防治、储藏保鲜以及产品品质等5个方面的内容（见表3-14）。在进行限值选择时，结合国家颁布的该农产品的生产技术规范、品质等级要求以及质量安全限制等标准，优先选择级别高的标准（国家标准高于行业标准），以保证农产品的优质。

表 3-14　　　　　　　　　　农产品信息详细规范

项目名称	信息类别
产地环境	灌溉水质、土壤质量、土壤肥力等
生产技术	品种选择、砧木选择、种子或苗木质量、种子处理、苗木消毒、播种（播种期、播种深度、播种密度、播种方法）、定植（定植前准备、定植期、定植方法、定植密度）、田间管理（土肥水管理、除草、温度管理、遮阴、培土）、整形修剪、花果管理等
病虫害的防治	农业防治、生物防治、物理防治、药剂防治、农药种类和名称、施药时间、用药方法（浓度、次数和安全间隔期）
储藏保鲜	保鲜处理方式、储藏方式、储藏环境条件、储藏时间等
产品品质	外观、规格、质量等级、理化指标、卫生要求等

四、乡村基础信息分类标准

（一）乡村基础信息标准化现状

1. 乡村信息数据来源广，数据量庞大

乡村信息涉及方方面面，比如土地利用、乡村自然环境、村委会、党建、村民、农业农村补贴、"三务""三资"等信息类别繁多，一个村的信息常常能整理出上百张表格。且目前还没有建立起跨部门间的统筹管理方式，各部门只能各自进行组织管理，信息重复采集率较高，造成大量人力物力资源浪费，同时也导致一些乡村信息处于相对封闭、分散状态，难以有效共享利用，最终成为"信息孤岛"。随着乡村生活水平的不断提高，乡村信息类别还会不断增加，包括教育、文化、就业等，与村民生活相关的各类信息，并且随着时间的推移信息会不断累积，如果没有按照一定的规则，进行合理有效的分类，将会阻碍乡村信息化的发展。

2. 信息属性描述不准确

关于各种人员名单的统计表格属性描述混乱，比如统计残疾证持证人员名单叫"花名册"，统计在外务工人员名单称为"人员登记表"，而在统计五保户名单时，直接叫作"五保户名单"。此外，数量单位和计量单位不一致随处可见。比如在统计农户的种养殖情况时，同是养牛信息统计，有的数量单位用"头"，有的用"只"。在收集乡村企业信息表格里，没有统一的格式，内容表述随意。信息属性描述不准确，最终会导致信息无法汇总、统计和共享公布。

3. 乡村信息标准规范严重缺乏

截至 2022 年 3 月，在全国标准信息服务平台中，通过 ICS 农业分类号搜索，农业领域的国家标准有 2927 个，农业行业标准有 5185 个，农业领域的地方标准有 33187 个。与乡村有关的国家标准只有 7 个，其中有 3 个是美丽乡村建设领域的，另外 2 个是与乡村服务和建设相关的；行业标准只有 2 个，分别隶属于林业行业和交通行业标准。尽管农业领域的地方标准有 3 万多个，但与乡村有关的地方标准仅有 209 个，只占了农业地方标准总数的 0.6%。乡村相关地方标准内容主要涉及美丽（宜居）乡村建设、乡村（公共设施）建设、乡村酒店（民宿）服务等方面（见图 3-7）。从标准数量上看，我国乡村标准还处于劣势，不足以规范我国农业信息化建设的发展进程。截至 2019 年年底，我国已有农业综合信息服务平台将近 3 万个，其中海量的乡村数据存在分类混乱，内容重复的现象。研制适用于农业农村大数据领域的乡村信息标准，实现乡村信息的科学分类组织，是推动数字乡村建设的当务之急。

表 3-15 与乡村相关的国家标准

序号	标 准 名 称	标准号
1	美丽乡村气象防灾减灾指南	GB/T 37926—2019
2	美丽乡村建设评价	GB/T 37072—2018

续表

序号	标准名称	标准号
3	美丽乡村建设指南	GB/T 32000—2015
4	乡村民宿服务质量规范	GB/T 39000—2020
5	乡村建设用混凝土圆孔板和配套构件	GB/T 12987—2008
6	乡村绿化技术规程	LY/T 2645—2016
7	乡村公路营运客车结构和性能通用要求	JT/T 616—2016

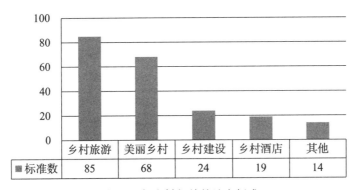

	乡村旅游	美丽乡村	乡村建设	乡村酒店	其他
■标准数	85	68	24	19	14

图 3-7 与乡村相关的地方标准

（二）乡村基础信息分类标准应用领域

1. 乡村信息资源建设

信息资源建设是对处在无序状态的各种媒介的信息进行有机集合、开发、组织的活动，其结果是形成信息资源，推进信息化。乡村信息资源建设成为推动农业农村大数据发展的关键途径。当前我国乡村信息数量大、内容多、增长快，没有统一的信息标准规范，信息资源存在庞杂无序、供求不对称、利用率低等问题，极大地影响了信息资源的共享与利用。针对以上问题，建立统一的、符合实际需求的乡村基础信息分类标准，有利于实现乡村信息资源有序化，提高信息资源的共享、开发和利用效率。

2. 数字乡村大数据平台应用

71

在国家大力推动数字乡村建设的背景下，随着大数据和信息化技术的迅速发展，搭建"一体化"数字乡村大数据平台是实现数字乡村业务和应用的突破口。由于全国各县区的数字乡村建设还处在自主探索阶段，而且不同乡村在经济、人文以及地理环境方面都存在巨大的差异，采集信息没有统一的标准，构建的平台只能为当地相关部门服务，各地不同平台之间很难实现信息的互联互通。建立乡村基础信息分类标准，形成统一的数字乡村数据资源标准，使全国的数字乡村平台成为一个数据共享库，有利于打破数字乡村建设的"信息孤岛"的困境。

（三）乡村基础信息分类

1. 涉及范围

基于农业农村大数据应用的乡村基础信息提供了乡村自然资源信息、乡村组织信息、乡村居民及居民户信息、乡村治理信息等信息服务类别，形成一套信息的采集、存储、交换、共享和利用的规范分类体系。

2. 构建原则

想要摸清"三农"家底，实现农业农村信息数字化，制定乡村基础信息分类规范是重要基础。构建乡村基础信息分类规范需要满足以下几个原则：一是科学性。为适合大数据技术应用和管理，按乡村基础信息的来源和属性对其进行分类，形成系统的分类体系。建立一个各部门可兼容可通用的信息分类系统，实现信息的互联互通。二是完整性。乡村基础信息涵盖范围非常广泛，分类体系需覆盖现有农业农村各部门信息的所有类型，按照一定规则形成一个完整的体系，使农业农村大数据的使用者能快速定位需要的信息。三是可扩展性。考虑到今后农业农村大数据发展和数字乡村建设，分类体系有适当的扩充余地，根据需要可以增加新的信息类别。随着信息化不断发展，数字化信息越来越多，乡村基础信息的分类体系根据发展需要不断地扩充。

3. 分类规范

在充分乡村调研的基础上，考虑农业农村大数据应用的特点，参考《农村基础数据元》系列标准和《数字乡村"三农"基础信息数据指标体系规范》系列标准，以及《基础地理信息分类与代码》（GB/T 13923—2006）、《地表水环境质量标准》（GB 3838—2022）等国家标准，结合农业综合网络平台和农业各部门统计年报等数据统计平台，对乡村基础信息进行了分类。

分类体系采用的是线分类法，结合了基于农业农村大数据应用的信息特点进行分类。线分类法也称等级分类法，是按一定的特征将分类对象逐次分为若干层级，每个层级又分为若干类目；同一分支的同层级类目之间构成并列关系，不同层级类目构成隶属关系。乡村基础信息分为 4 个大类，22 个中类，272 个小类和若干个细类类目（见图 3-8）。大类：按照乡村信息来源进行归纳和总结，建立乡村基础信息类别。依次分为自然资源信息、组织信息、居民及居民户信息、治理信息。中类：是隶属于大类所包含内容的所有类目。例如，大类"自然资源信息"下，分为 6 个中类：地理信息、气象信息、水体信息、地质矿产信息、土壤信息、生物信息。小类：是隶属于中类所包含内容的所有类目。例如，中类"地理信息"下，分为 6 个小类：地貌、植被、居民地及设施、交通、境界与政区信息、管线。细类：是隶属于小类所

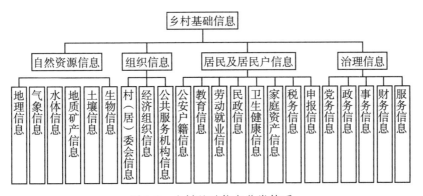

图 3-8　乡村基础信息分类体系

73

包含内容的具体名录。例如：小类"地貌"分为 2 个细类：自然地貌和人工地貌。大类是框架分类类别，不得重新定义和扩充，但中类、小类和细类可以根据应用的需要进行增加或减少。

3.3 开展数字乡村试点村建设

一、基础数据采集

（一）村民信息采集

采集每户村民的户主信息、家庭成员信息、资产状况、生产经营等信息，并通过登录乡派出所内公安网内部系统，对居民户管理数据库信息进行核实。村各组人口分布样表详见表 3-16。

表 3-16　　　　　　　村各组人口分布（样表）

序号	村民小组	农户数	村民数
1	×××	×××	×××
…	…	…	…
合计		XXX	XXX

（二）村级乡村基础信息采集

从村委会、乡镇职能部门、合作社经营者、种植户处采集乡村历史沿革、乡村行政区域、乡村自然地理、乡村经济社会发展、乡村荣誉称号、乡村公共设施乡村、乡村地块信息、乡村报表管理等八大类信息，信息采集样表详见表 3-17～表 3-20。

表 3-17　　　　　　　村经营主体信息 （样表）

序号	企业名称	企业状态	企业属性	行业	法定代表人（负责人）
1	×××	×××	×××	×××	×××

表 3-18　　　　　　　村荣誉信息 （样表）

序号	获奖年份	荣誉称号	颁奖单位
1	×××	×××	×××

表 3-19　　　　　　村土地分块及承包信息 （样表）

序号	小组名称	承包农户数	合同总面积	实测总面积
1	×××	×××	×××	×××
合计		×××	×××	×××

表 3-20　　　　　　　　村报表信息

序号	表单名称	报表属性
1	货币资金清查登记表	经管系统
2	短期投资清查登记表	经管系统
3	应收款项清查登记表	经管系统
4	库存物资清查登记表	经管系统
5	牲畜 （禽） 资产清查登记表	经管系统
6	林木资产清查登记表	经管系统
7	长期投资清查登记表	经管系统
8	固定资产清查登记表 （经营性固定资产）	经管系统
9	固定资产清查登记表 （非经营性固定资产）	经管系统
10	在建工程清查登记表 （经营性在建工程）	经管系统

序号	表 单 名 称	报表属性
11	在建工程清查登记表（非经营性在建工程）	经管系统
12	无形资产清查登记表	经管系统
13	短期借款清查登记表	经管系统
14	应付款项清查登记表	经管系统
15	长期借款及应付款清查登记表	经管系统
16	应付工资清查登记表	经管系统
17	应付福利费清查登记表	经管系统
18	一事一议资金清查登记表	经管系统
19	专项应付款清查登记表	经管系统
20	所有者权益清查登记表	经管系统
21	待界定资产清查登记表	经管系统
22	资源性资产清查登记明细表（农用地）	经管系统
23	资源性资产清查登记明细表（建设用地）	经管系统
24	资源性资产清查登记明细表（未利用地、附报）	经管系统
25	资产负债表（组织类）	经管系统
26	资产负债表（全资企业类）	经管系统
27	资产负债表（合并报表）	经管系统
28	资源性资产清查登记总表	经管系统
29	资产负债汇总表（组织类）	经管系统
30	资产负债汇总表（全资企业类）	经管系统
31	资产负债汇总表（合并报表）	经管系统
32	资源性资产清查登记汇总表	经管系统
33	农村土地承包经营情况	经管系统
34	家庭农场情况	经管系统

序号	表 单 名 称	报表属性
35	农民合作社情况	经管系统
36	农村基本情况及农业生产条件	计算系统
37	主要农作物生产情况	计算系统
38	茶叶、水果及食用坚果生产情况	计算系统
39	蔬菜生产情况	计算系统
40	设施农业生产情况	计算系统
41	农业机械化情况	农机系统
42	渔业生产情况	水产系统
43	草原情况	畜牧系统
44	农村可再生能源利用情况	科教、种植业系统
45	全年农作物播种意向调查	农业农村厅、基点调查系统
46	全年农作物播种面积预计	农业农村厅、基点调查系统
47	春播作物播种意向调查	农业农村厅、基点调查系统
48	夏粮、夏收油菜籽产量预计	农业农村厅、基点调查系统
49	早稻(春小麦)产量预计	农业农村厅、基点调查系统
50	秋收作物产量预计	农业农村厅、基点调查系统
51	秋冬作物播种意向调查	农业农村厅、基点调查系统
52	主要农产品和农业生产资料价格监测旬报表	农业厅农村、基点调查系统
53	种植业产品生产成本、收益与劳动生产率调查表	农业农村厅、基点调查系统
54	出栏肥猪生产成本、收益调查表	农业农村厅、基点调查系统
55	主要农作物生产用工和物质费用登记表	农业农村厅、基点调查系统
56	农村劳动力转移季报表	
57	畜禽水产蔬菜电讯季报表	
58	蔬菜、瓜果生产情况季节报表	

77

序号	表单名称	报表属性
59	春播作物播种面积预计	
60	夏收作物产量预计、核实	
61	早稻面积核实及中稻、玉米面积预计	
62	早稻、秋收粮食作物产量预计、核实	
63	经济作物生产情况季节报表	
64	春夏播种面积核实	
65	非农户春夏播种面积核实	
66	秋冬播种面积	
67	全年主要农林牧渔产品产量及产值预计	
68	县农村社会经济综合统计年报表	
69	县棉花目标价格改革补贴面积农户分户登记表	
70	畜禽养殖场（小区）关停转迁、综合整治验收申报表	
71	村整治畜禽养殖户污染责任清单及建立"一场一策"模式台账	
72	村户口册	
73	村网格化信息档案	
74	农村留守儿童基本情况登记表	
75	村（居）委会留守老人基本情况表	
76	贫困户信息采集表	
77	村贫困户享受精准扶贫相关政策情况统计表	
78	县建档立卡贫困户外出务工补贴申请审批表	
79	县建档立卡贫困户自主发展脱贫"菜单式"扶贫奖补台账	

续表

序号	表 单 名 称	报表属性
80	村公益性岗位到户到人安排表	
81	村菜单式补助奖补台账	
82	村建档立卡贫困户扶贫贷款需求调查核实表	
83	村已脱贫对象情况表	
84	县残疾人精准康复服务补助申请审批表	
85	建档立卡贫困家庭学龄人口基本信息明细表	
86	镇春季学期雨露计划职业教育拟补助对象公示	
87	村全体党员信息情况	
88	村当兵人情况登记表	
89	镇流动党员信息台账	
90	镇党员廉政信息登记表	
91	镇党员信教问题自查表	
92	党员参加教育培训情况记录表	
93	民主评议党员登记表	
94	流动党员管理联系服务情况记实表	
95	党员参加活动现实表现记实表	
96	党支部工作手册	
97	值班服务记录簿	
98	村民会议和村民代表会议记录	
99	村民代表基本情况登记表	
100	县法律顾问进村（社区）（顾问单位版）工作日志	
101	村参合名册	

序号	表 单 名 称	报表属性
102	新城乡居民医疗保险缴费清册	
103	村综合医疗配置清单	
104	村综合医疗配置清单-续表1	
105	村综合医疗配置清单-续表2	
106	一事一议项目村	
107	湖北省农村公厕改建完成台账	
108	村厕所革命登记表暨申请报告（公厕）	
109	村集体资产清产登记表（建筑性资产）	
110	村集体资产清产登记表（设备性资产）	
111	村集体资源清查登记表	
112	村集体资源清查登记表	
113	发展壮大村级集体经济管理台账	
114	村集体资产处置不合规登记表	
115	出纳库存清理登记表	
116	村集体资产清理自查摸底表	
117	村集体资源清理自查摸底表	
118	农村集体"三资"管理问题自查自纠情况汇总表	
119	村农村集体"三资"管理问题自查及整改情况表	
120	村总账及明细账	

（三）土地、房屋确权信息采集

从区自然资源和规划局、区农业农村局处采集村土地确权信息、房屋确权信息。

二、门户网站搭建

（一）村级门户网站搭建

依托农业农村大数据综合服务平台搭建村级门户网站，制定乡村门户栏目，选定乡村用户应用模块，制定乡村用户应用权限、网站管理规范，形成模式化应用体系。门户基本功能主要包括：①设置了门户的基本信息，包括网站、上传 logo 和横幅、编写乡村门户简介和乡村门户访问权限；②开发乡村类型用户通用的门户标准化展示模板；③设置乡村用户通用的栏目，形成标准化的门户栏目展示。门户栏目内容包括基本信息类、动态资讯类、政策宣传类、知识普及类、产品服务营销类、组织推荐类和联系方式等。

（二）乡村经营主体门户网站搭建

依托农业农村大数据综合服务平台，给村企业、合作社、个体工商户等各类经营组织建立账号，并选择有代表性的组织建立门户网站，制定门户栏目，选定应用模块，形成模式化应用体系。主要栏目包括走进企业/企业介绍、企业动态/企业资讯、行业资讯、企业产品、生产基地、提供服务、行业知识、联系我们等。

（三）乡村典型居民户门户网站搭建

依托农业农村大数据综合服务平台，给村居民户建立账号，选择有代表性的居民户建立门户网站，制定门户栏目，选定应用模块，形成模式化应用体系。主要栏目包括资料/我家介绍、我家动态、我家服务、联系方式等。

81

三、村级数据库建设

（一）居民户数据库建设

通过对本村居民户信息进行收集整理，形成本村居民基础数据库。主要包括户主信息（实名认证信息）、网络信息、家庭成员、资产设置（土地承包经营权信息、房屋产权信息、生产类机械设备信息、交通运输类工具信息、家用资产信息、设施农业信息等）、生产经营（产出产品、提供服务）、荣誉称号等各方面信息。居民户的基础数据通过数据自动提取功能的设计，汇集到乡村账号下，形成居民户基础数据的统计报表（包括居民户类型统计报表、土地承包经营权统计报表、房屋产权统计报表、产出产品统计和提供服务统计报表），方便村委了解和跟踪每个居民户的具体情况，为乡村治理提供依据。

（二）乡村基础数据库建设

对村委组织、村两委干部、行政区划、所处地理位置、国土面积、地形地貌、气候、生物资源、地质矿产、人口信息、村民花名册、居民户花名册、经济社会发展、种养信息、农产品信息、工业产品信息、服务产品信息、历史沿革、文化景观、地块信息、土地利用现状、公共设施（交通设施、安保设施、教育设施、福利设施、医疗设施信息、环保设施、水利设施、文化设施、物联设施、饮水设施、体育设施、通信设施、电力设施）、资产设置（农村土地承包经营权信息、房屋所有权信息、林地所有权信息、集体土地所有权信息、集体土地使用权信息、集体土地农业用地使用权信息、集体土地建设用地使用权信息、水域滩涂养殖使用权信息等）、财务状况、荣誉称号等数据格式进行规范，形成乡村基础数据库标准化模板。搜集整理以上各种类型数据，形成乡村基础数据库。

四、乡村专题电子地图绘制

利用遥感和无人机技术，绘制完成村电子分层专题地图，叠加行政区划、用户分布、产业布局、土地利用现状、资产权益、公共设施、自然资源等基础数据，形成高清三维的数字乡村电子地图标准化模板。

行政区划图：展示村行政区划图、全景航拍图、三维影像图、三维实景图和区域规划图。

用户分布图：叠加村公共管理类用户、公益事业类用户、企业类用户、家庭类用户、个人类用户的基础数据，在地图上标注位置，并关联家庭信息、地块信息和房屋信息等数据，形成用户分布专题图。

产业布局图：叠加村种植业、林产业、畜牧业、水产业、服务业、乡村产品分布的基础数据，在地图上标注各产业的每个地块位置，形成产业布局专题图。其中，种植业和水产业标注每个地块的位置，叠加物种名称、品种名称、地块编码、地块名称、航测面积、实测面积、权益人等基本信息；服务业标注服务方的位置，叠加服务名称、服务内容、服务方式、服务价格、装备、物种、联系人等基本信息。

土地利用现状图：叠加村农用地、建设用地、未利用地、粮食生产功能区图及重要农产品生产保护区图的基础数据，在地图上标注各类型的每个地块位置，形成土地利用现状专题图。其中，农用地标注每个地块的位置，叠加物种名称、品种名称、地块编码、地块名称、航测面积、实测面积、权益人等基本信息，同时关联权属人的家庭信息、地块信息及房屋信息。建设用地、未利用地标注每个建筑或未利用地块的位置，已叠加地块编码、地块类型、地块名称、航测面积、实测面积、地块权属、取得方式、权属人等基本信息。

资产权益图：叠加村集体土地所有权、集体土地使用权、集体土地农业用地使用权、集体土地建设用地使用权、农村土地承包经营权、房屋所有权、水域滩涂养殖使用权、林地所有权的基础数据，在地图上标注各类权属的地块位置，形成资产权益专题图。其中，农村土地承包经营权标注每个地块的位置，叠加承包方编码、承包方代表、承包方式、承包期限、宗地名称、宗地编码、土地类型、土地面积、航测面积、实测面积、权属性质等基本信息。房屋所有权标注每座房屋的位置，叠加房权证号、房屋所有人、共有情况、房屋坐落、登记时间、房屋属性、房屋情况等基本信息，关联房屋所有人的家庭信息、地块信息及房屋信息。

83

公共设施图：叠加村交通设施、交通道路、通信设施、通信电缆、饮水设施、自来水管线、水利设施、环保设施、安保设施、教育设施、文化设施、体育设施、养老福利设施、电力设施、电力线等数据，在地图上标注各个设施的位置，形成公共设施专题图，标注每个设施的位置，叠加设施类别、设施名称、能力或参数、投资额、责任人、联系人等数据。

自然资源图：叠加村地形图、气象图、植被图、土壤图、水文图的基础数据，形成自然资源专题图。

五、乡村数字化管理服务网络构建

以农业农村大数据综合服务平台和数据链完整的乡村基础数据库为依托，汇聚涉农部门、农业科研院所和社会主体资源，以乡村数据综合应用为核心，打造村务管理网络、乡村社会化服务网络、乡村生态环境监测网络和乡村便民服务网络。

村务管理网络：根据政务管理高效化和办公自动化的需要，依托农业农村大数据综合服务平台，构建村级电子政务网络，实现个人办公、行政事务和档案管理等功能，增强村务管理的效率和透明度。

乡村社会化服务网络：基于乡村种养现状和生产经营需求，依托农业农村大数据综合服务平台，构建农业资讯、政策、知识和科技服务、农业生产经营主体培训、农资农产品电子商务和农业产业服务系列网络。其中，农业资讯、政策、知识和科技服务网络覆盖涉农部门、农业专家、农业技术人员、新型农业经营主体和普通农户等主体，实现农业资讯、政策、知识的权威发布和解释，为农业生产经营提供所需各类科技服务；农业生产经营主体培训网络覆盖农业专家、农广校、新型农业经营主体和普通农户等主体，形成线上线下相结合的农业实用技术、专业化生产技术、经营管理及市场营销技能培训网络；农资农产品电子商务网络覆盖新型农业经营主体、普通农户和城市消费者，建立由生产者直接到消费者的农资农产品网络交易通道，构建覆盖到村的电子商务综合服务网络；农业产业服务网络覆盖涉农政府部门、新型农业经营主体和普通农户，提供种植、水产、畜牧等产业发展所需服务。

乡村生态环境监测网络：依托农业农村大数据综合服务平台监测乡村土壤、水质、大气等数据，通过大数据分析，实现对乡村生态环境的实时监测、智能分析和提前预警，提高对突发性自然灾害的快速反应能力。

乡村便民服务网络：依托农业农村大数据综合服务平台，整合各类日常生活服务系统端口，打造农民缴费充值（包括手机话费、固话通信费、宽带费、水费、电费、煤气费、天然气费等）、票务购买（包括汽车票、火车票、机票、船票、演出票等）、网上医院挂号、农业保险购买等一站式服务便捷通道。

4 湖北省农业农村大数据的建设实践

![leaf] 4.1 武汉市农业农村大数据建设

一、总体情况概述

（一）发展思路

1. 加强大数据在农业领域的应用

结合我市都市农业的产业特点，一是在生产领域，推进农业数字化转型。加快推广 5G、大数据、物联网、人工智能、北斗导航等技术在农业生产经营管理中的运用，提升农业生产精准化、智能化水平，促进新一代信息技术与种植业、种业、畜牧业、渔业、农产品加工业全面深度融合应用，打造科技农业、智慧农业、品牌农业。二是在流通领域，创新农村流通服务体系。实施"互联网+"农产品出村进城工程，围绕特色产业和重点品种，做好产前产中产后全产业链数字化，建立完善农产品网络销售的供应链体系、运营服务体系和支撑保障体系，强化在汉电商企业与小农户、家庭农场、农民合作社等对接，加强农村网络、冷链物流等设施建设，通过电商带动农业市场化、倒逼农业标准化、促进农业规模化、提升农业品牌化。三是在数据应用领域，一步推进"互联网+"农业监管服务应用力度，以农村电商、农产品质量安全追溯、休闲农业等领域的单类农业农村大数据应用试点为突破口，建立农业农村数据采集、运算、应用、服务体系，加快完善农业数据监测、分析、发布、服务制度，引进优质信息化企业强化数据市场化运营，提升农业数据信息支撑宏观管理、引导市场、指导生产的能力。

2. 加强大数据在农村领域的应用

将互联网思维融入农村经济建设、政治建设、文化建设、社会建设和生态文明建设，促进"三乡工程"提档升级。一是积极推广"三乡工程网"在共享农庄建设中的应用，充实完善我市共享农庄和空闲农房信息数据库，运用市场化手段加强运营和推广，为农村和城市居民提供信息纽带。二是推进互联网商旅小镇建设，以点带面促进乡村旅游景区推介、文化遗产展示、食宿预定、土特产网购、地理定位、移动支付等资源和服务的在线化。三是强化村集体"三资"信息化监管，用健全的制度和高效的互联网手段，实现村集体"三资"及账务的在线化管理，确保农村集体"三资"保值增值。

3. 加强大数据在农民领域的应用

深入推进信息进村入户工程，强化政府对公益服务的资金支持，依托"12316"农业信息服务平台+益农信息社，促进农业公益性服务提档升级，推行政府购买形式，依托益农信息社采集基础农情数据，整合农业部门信息资源，实现政策法规、农业技术、农产品市场行情等信息服务资源的有效提供，研发推广实用性农业信息服务移动端，推进电信、金融、快递、农资、水电气等便民服务就近办理，在5G网络环境中，做好网络课堂、免费WiFi、免费视频通话等培训体验，为农民提供足不出村的便利服务，实现"农业信息服务'最后一公里'"。

（二）发展成效

在农业物联网应用示范方面。武汉市建成了设施农业、水产、畜牧、大田环境监测4类物联网典型示范，涉及50多家农业企业、农民专业合作社。全市蔬菜基地物联网技术应用面积突破万亩，畜牧水产基地物联网应用率在90%以上。膳必鲜、木兰养殖场、喜

87

鹊湖蟹业等3家农业企业物联网应用技术入选农业农村部推荐的节本增效农业物联网应用模式。木兰养殖场获批农业农村部数字农业建设试点项目。东西湖区获得全省农业物联网根节点建设项目支持。

在推进农村电子商务发展方面。一是完善农村电商基础设施。2018年以来，为打通电商"最后一公里"，完善农产品上行、工业品下行电商服务体系，依托市供销合作总社、市邮政公司以及优质电商运营商等经营主体，将原来的供销服务站、益农信息社、村级综合服务社、村支部、村邮站（邮乐购）、村级超市、农资店等站点，进行叠加完善服务功能，升级成村级电商服务站，建成邮乐购站点2870个，覆盖6个新城区，63个街（乡、镇），1408个行政村（含大队、农场）。积极推进工业品下乡、农产品进城电商"新零售"，村级电商服务站开展农产品代销、生活用品代购、代缴费、小额金融、公共管理和信息服务等业务，通过"邮掌柜""供销e家"平台帮助农民代购20万笔、代销上架农产品7725个种类，涉及金额达3亿元，发布农村供求信息2万条次，替农民办理小额助农存取款和转账业务15.3万笔，金额达9.5亿元，办理农村贷款1.32亿元；新洲区凤凰镇毛家冲电商服务站，帮助古法红糖升级包装、品牌策划、营销推广，有效解决了古法红糖滞销难题，农村居民基本实现"购物、销售、生活、金融、创业"五不出村。二是发展农村电商平台，带动农产品出村进城。2018年以来，白沙洲、四季美等农产品交易市场相继"试水"大宗农产品电商交易，武汉农畜产品交易所、武汉陆羽茶业交易中心电商运营中心建成投入运营。以阿里、京东、每日优鲜、兴盛优选、美菜、本来生活、供销e家等全国具有影响力的电商品牌相继落地武汉。在政策引导下，培育了良品铺子、周黑鸭、火凤凰、吉及鲜、食享会等5家本土电商领军企业，良品铺子交易额达百亿元，"双11"当天订单额突破6亿元，其他4家交易额达30亿元；网络零售额超亿元电商平台20多家，如乡聚珍品、大汉口、三镇食品、卖货郎、乐村淘、仟吉食品、楼兰蜜语、荷香源、小蜜蜂等；武汉市供销总社相继与"卖货郎""夏金农""乐村淘"等农村电子商务平台合作，积极推进县域农村电子商务平台发展，有效带动了武汉市农村电子商务和农村经济社会发展。2019年，全市发展涉农电商企业达8500家，农产品网络交易额突破250亿元。

在推进智慧休闲农业园区建设方面。结合"三乡工程"和赏花经济，武汉市积极发展农旅结合的休闲农业，"木兰八景"、梁子湖旅游带、花博汇等大型景区和特色小镇相继入驻携程、美团等国内知名OTA旅游平台，实现旅游综合收入近140亿元。武汉市引进社会资本，按照"1+2+N"（依托1个休闲农业云平台，打造休闲农业指挥中心和运营中心，发展N多智慧休闲农庄）的系统架构，在黄陂、蔡甸等多个新城区依托特色村湾建立了互联网商旅小镇，探索"互联网+乡村休闲游+农特产品电商"的运营模式，促进一二三产业融合。

在推进信息进村入户工程试点方面。自2014年以来，农业农村部启动信息进村入户工程，2015年，武汉市率先在湖北进行探索，以"12316"农业综合信息服务体系为依托，按照"政府主导、市场主体、农民主人"的原则，利用街道（乡镇）农业服务中心、村委会、村邮站、供销社等现有载体和人员，配备电脑、远程视频、网络通信、显示大屏等信息化设备，推进益农信息社建设，提供"公益、便民、电商、培训体验"四类服务。截至2019年年底，武汉市已建成并投入运营的益农信息社达到1305个，涵盖了主要涉农街道和行政村。通过信息进村入户运营商及基层农技人员，提供农业公益服务近5万人次、便民服务约10万人次，开展农技、电商、信息化应用等各类培训90余场，培训农民近5000人次，促进农民就业创业近200人。

在推进农业信息化管理系统应用方面。2016年，武汉市启动了智慧农业云平台建设，市级农产品生产环节质量安全追溯监管系统全面投入使用，在315个农业经营主体和基层农产品质量安全监管站使用，实现了"生产有记录，信息可查询，流向可追踪，质量可追溯，责任可追究"。农产品批发价格监管系统在武汉市四季美、白沙洲等大型农产品批发市场广泛使用，每天采集主要农产品成交量和价格信息100条，实现价格实时监测和数据分析，为管理部门引导消费预期、平抑市场菜价、加强宏观调控提供数据支持。农村集体"三资"监管平台主要用于对村集体资产的集中动态管理，对村集体资金流向、账务进行全面监管，系统应用涉及除东西湖区外的 14 个区（功能区）的 2089 个村（村改制公司）。在全省率先使用了动物检疫电子出证系统，全市 220 个动物检疫申报点全部实现了电子化申报与监管。武汉农村综合产权交易所开发应用了交易系统、抵押登记系统、网上竞价系统，并与"1+8"城市圈城市实现了交易信息共享。此外，还有省农业农村厅开发的北斗农机化智能管理平台、购机补贴管理系统、畜禽无害化处理监管信息系统等也在市区农业主管部门广泛应用。

二、典型案例

（一）武汉市农产品质量安全追溯管理平台

1. 平台构架

追溯管理平台由追溯信息、追溯应用、追溯监管等三个子系统组成，既具有对本市地产农产品种养殖环节、收购储存运输环节、肉品屠宰环节等鲜活农产品质量安全信息进行记录、存储、统计、查询和追溯的功能，又具有对本市农产品质量安全进行监管、检测、执法等工作的管理功能。

追溯信息子系统是追溯管理平台对公众宣传展示的重要窗口。宣传展示的主要内容涵盖农产品质量安全相关的政策法规、通知公告、监管检测执法工作体系情况、农业"三品一标"等品牌建设情况、日常工作动态、企业展示等，公众可通过该系统上网查询入网企业上市销售农产品的质量安全信息。

追溯应用子系统包括种植类、畜牧养殖类、水产养殖类、生猪屠宰类、投入品经营类、本市地产生鲜农产品运销经营类农业生产经营主体和街（镇）农产品质量安全监管站应用该系统进行农产品质量安全管理的 7 类应用模块。它是农业系统各单位及各农业企业运用其加强农产品质量安全信息化管理的可靠工具，通过该系统对农产品生产全过程质量安全信息进行及时记录并上传，实现了农产品质量安全信息可查询、流向可追踪、责任可追究。

追溯监管子系统包括市级监管、区级监管、街（镇）监管、农业检测、农业执法和监管 APP 移动端等 6 类监管模块，是全市农业系统农产品质量安全监管、检测、执法部门运用该系统实现工作信息化管理，提高监管效能，防控农产品质量安全风险的有效手段。

截至目前，追溯管理平台覆盖武汉市各类农业生产经营主体和街（镇）农产品质量安全监管站等共 312 家，包括种植类企业、农民专业合作社、家庭农场 145 家，生猪养殖企业 69 家，水产养殖企业 10 家，A 类生猪屠宰企业 13 家，运销本市地产鲜活农产品企业 2 家，街（镇）农产品质量安全监管站 73 家。同时，在 6 个涉农区的区级农产品质量安全监管部门、区级农检部门和区级农业执法部门，以及市农业农村局、武汉农检中心、市农业综合执法督察总队布设了运行节点。并逐步将蛋鸡养殖企业、生鲜乳生产企业和农业投入品经营单位等逐步纳入追溯监管范围，不断扩大农产品的追溯覆盖面。

2. 平台运行效果

在监管方式方面，由传统监管转变为智能监管。以前，监管部门为了掌握全市农产品质量安全动态，只能依靠逐级汇总上来的报表或情况汇报，工作效率低；或者深入田间地头、基层一线检查调研，成本高，局限性大，难以及时掌握全市整体情况。平台开通后，监管部门可以直接在平台上查看全市农产品质量安全基本情况、检测室实时检测数据等，可及时防控风险，采取应对措施，监管效率大大提升。

在监管环节方面，由单一环节监管转变为全环节监管。追溯管理平台是综合性的监管平台，不仅涵盖农产品质量安全政策法规宣传、监管、检测、执法等工作部署，还包括农产品从播种、施肥、用药、产品收获、检测准出、产品质量认证，到带二维码随货同行上市等全过程的管理，一网贯通，不留死角。

在监管方法方面，由无差别监管转变为精准化监管。以前，由于不能及时了解每个企业质量安全的个性状况，对所有监管对象采取共性的监管措施，针对不同对象的不同情况精准施策不够。现在通过追溯管理平台，将所有规模以上的种植养殖企业和生猪屠宰厂（场）纳入了追溯范围，建立了监管名录，实施全程监管，并且根据上传的信息数据进行综合排名。哪些企业农产品质量安全管理较好，哪些企业质量安全管理还存在问题，监管部门上网一查，一目了然，可根据实际情况，及时采取有针对性的措施，及时精准施策，有效防控质量安全风险。

在监管时效方面，从事中事后监管转变为事前事中事后同步监管。以前，对农产品质量安全多数通过现场监督检查和样品抽检来发现问题，督促整改问题。现在，通过追溯管理平台，从线上线下两个方面，为企业和监管、检测、执法部门量身定制了一套从农产品生产源头到产品准出全过程的管理程序，管理过程的信息和数据及时上传。企业采购使用的化肥、农药等投入品合不合规，过没过期，农产品上市质量安全检测合不合格，"三品一标"产品认证证书过没过期，各级各有关部门采取了哪些管理措施，效果如何，等等，第一时间感知。通过全市追溯管理平台对事前事中事后的质量安全工作情况实现了同步监管，甚至关口前移，监管的时效性大为增强。

在监管协同方面，由部门各自为政转变为监管、检测、执法、推广"四驾马车"联动。农产品质量安全监管工作在农业部门内部涉及监管、检测、执法和推广。通过建立追溯管理平台，有关职能部门的工作部署和工作动态及时上传，全市农产品质量安全信息数据共享，对检测发现的不合格产品，对农产品质量安全的薄弱环节及存在的风险隐患等，大家上网便知，有利于监管、检测、执法、推广联动，有利于形成"监管检测一张网，执法办案一盘棋"的工作格局。

在公众监督方面，由依靠政府部门监管转变为社会共治。追溯管理平台有一个追溯信息系统，该信息系统既有有关政策法规和通知公告，又有监管、检测、执法部门的工作部署和行动情况，既有农产品生产企业及产品的展示，又有"三品一标"品牌农产品的认证情况，还可以通过二维码查询所购农产品的质量安全状况。信息系统有全市监管、检测、执法职能部门的主要负责人及电话联系方式，有什么问题都可以及时联系反映，为广大公众参与全市农产品质量安全的监督管理提供了渠道和平台，有利于形成社会共治局面。

在落实质量安全管理主体责任方面，由无序到有序。以前，企业无统一规范的制度和操作程序，现在通过追溯管理平台的应用系统，按照农产品质量安全法的有关规定和相关政策要求，为农业生产经营主体在农产品质量安全内控管理上，量身定制了一套线上线下相统一、全程规范管理的制度和程序，引导企业明确产品质量安全标准定位，制订标准化生产规程，完善农业投入品采购使用记录、农产品检测记录，落实农兽药间隔期、休药期制度，产品检测准出，质量安全信息可追溯，倒逼农业生产经营主体在农产品质量安全日常管理上做到有序操作、有章可循。

在农业生产经营主体质量安全的检查考核方面，由主观判断转变为客观评价。以前，政府监管部门对农业生产经营主体的农产品质量安全状况进行检查考核时，主要依靠现场检查、查阅资料台账、听取汇报等主观评价方式。追溯管理平台开通后，农业生产经营主体农产品质量安全的日常检测信息、"三品一标"认证信息、农业投入品采购及生产过程记录信息等全部上传，可对信息数据进行自动的分析汇总，供政府监管部门研判。通过直观的数据信息，监管部门可以更客观地对农业生产经营主体的质量安全状况进行评价。

在上市农产品质量证明方面，从无身份证明到有身份证明。以前，蔬菜等鲜活农产品上市，没有任何身份证明，现在有了全市追溯管理平台，检测合格的农产品，带追溯二维码随货同行，上市销售。消费者用手机扫一扫二维码便知，该产品是谁生产，何时采收，产品准出时质量安全是由谁检测合格的，产品有质量安全问题由生产经营者承担责任。农产品上市，有该产品质量安全信息追溯的二维码，相当于上市销售的农产品有了自己的"身份证"。

在保障消费者知情权方面，从不放心消费到放心消费。以前，

93

消费者对购买的农产品质量安全状况，无法准确获知相关信息，产品安不安全，品质好不好，只能听销售人员介绍，从外观上甄别，总是不太放心。现在，有了全市追溯管理平台，消费者只要打开手机扫一扫该产品准出时的二维码，便可轻松获知产品的质量安全信息，从而放心消费，安心消费。

（二）智能养殖和鸡蛋分级包装系统（武汉市黄陂区木兰养殖场）

1. 基本情况

武汉市黄陂区木兰养殖场位于武汉市黄陂区木兰乡，主要从事蛋鸡养殖和有机肥生产。公司流转农业用地 2600 亩，其中养殖园区占地 198 亩，建成了以蛋鸡养殖为核心，涵盖饲料加工、鸡蛋分级包装、有机肥生产、有机种植相结合的全产业链模式。公司引进德国 Big Dutchman 公司全智能化蛋鸡饲养设备，优良的环控系统可极大地提高鸡群的生存条件和工人的工作条件，提升蛋鸡的生产性能，有效降低疾病的感染率，从而减少药物使用，提高蛋品质量，为市民奉献安全食品。同时引进荷兰 MOBA 公司全智能化鸡蛋分级、包装设备，保证了蛋品清洁，提高了工作效率，降低了劳动强度。在鸡粪处理上，利用 Big Dutchman 公司的鸡粪收集系统实现鸡粪不落地、不冲洗，直接由传送带集中，并运至有机肥厂，采用生物发酵法，使鸡粪快速发酵腐熟形成有机肥，达到无害化、资源化、经济化的效果，并结合土地消纳，采取种养结合模式，推进农牧结合，真正实现"零排放"的生态养殖和循环经济。做到："进场的是鸡苗和原料，出场的是保洁蛋和有机肥"。

2. 应用成效

一是极大地降低了生产人员的劳动强度。通过生产控制电脑、环控系统、鸡蛋计数器、鸡蛋分级包装：把传统的饲养员由劳动密集型工种升级为观察员——投食、供水、环控、拣蛋、清粪等由控制电脑直接指挥，观察员的日常工作简化为观察鸡群、保持鸡舍的卫生，且由于鸡舍空气质量的大大提高，也极大地改善了一线生产人员的工作环境。增加了一线生产的幸福指数，利于和谐企业、和谐社会的构建。通过大农场系统，极大地解放了蛋鸡生产管理人员的劳动强度，可以远程控制鸡舍的各项生产数据，并通过相关程序化操作复制到同一生产条件的鸡舍。

二是节省投入成本。通过系统应用有效降低了人力成本，由于高度机械化、自动化，较之传统模式，节约用工 50%。同时，降低了能源消耗，采用先进的环境控制系统，对鸡舍温度和湿度的控制，雏鸡舍节约了加热用燃气，冬季蛋鸡舍温度相对稳定，减少御寒性采食。此外，还降低了防疫及用药成本，良好的环控系统，极大地改善了鸡群的生存条件，鸡群不生病，不用药。

三是提升产品质量和销售价格。通过环控系统的应用，极大地改善了鸡群的健康状况，杜绝药物残留，提升了蛋品品质，优质的蛋品价格较之市场流通的一般蛋品价格约高出 0.8 元/公斤。

（三）"互联网+"农业运营服务

2019 年以来，武汉乡聚信息产业有限公司根据武汉市蔡甸区互联网+农业项目要求，紧密结合蔡甸区乡村休闲游和特色农产品资源优势，探索形成"互联网+休闲农业+农产品电商"模式，大力开展企业兴乡探索，促进全区农业农村发展，帮助农民增收致富。

1. 以益农社为基础，加强信息平台打造

一是积极打造、优化线上平台。以全省信息进村入户平台为基础，包括"12316"热线、网站、短彩信、视频诊断、新媒体平台等，合称蔡甸"12316"农业服务平台，其功能主要是依托蔡甸区、武汉市和湖北省的各级农业专家，为全区涉农单位提供农技、市场和便民生活服务，提高蔡甸互联网加农业的普及水平和农民的生活便利。

二是针对蔡甸休闲农业，开发了蔡甸休闲农业智慧平台，包含乡聚旅游平台和乡游管家智慧农庄管理系统，其功能一是加强休闲农业经营主体信息化管理水平和经营能力，二是在全网推广蔡甸休闲农业，提升蔡甸休闲农业知名度。

三是针对新型农业经营主体，开发了乡聚益农平台，包括网站和 APP，其功能主要是通过信息化手段，引入相关服务商和供应商，提升新型农业经营主体品牌打造、电商运营、日常管理等能力。

2. 以互联网商旅小镇为中心，强化线下站点布局

积极推进蔡甸区互联网商旅小镇，在花博会设置有休闲农业接待中心、农产品线下展示体验中心、电商培训中心、运营支撑中心、双创服务中心等功能区。建设了智慧民宿服务区，实现民宿的在线预订、结算、展示宣传、信息发布、智能化管理服务等功能。互联网商旅小镇集"创、学、游、玩、购、看"等服务于一体，为休闲农业和农村电商业务发展提供服务支撑。以互联网商旅小镇为中心，建设智慧休闲农业点和益农社，形成旅游线路。

3. 不断创新服务模式

在运营服务中，大胆创新，探索打造了"互联网+休闲农业+特色农产品电商"模式。依托电商平台和"乡聚珍品"特色农产品品牌，引导贫困户发展优质农产品生产，并组织举办各类蔬果采摘文化节，通过乡村休闲游推动农产品的现场体验式销售和网络在线销售，增加了农民和贫困户的财产性收入，促进了一二三产业融合发展。

一是以培训为基础，推广互联网+农业，提升农业经营主体运营能力。结合信息进村入户和农村电商业务，组建专业的培训服务团队，依托益农信息社（农村电商服务站），为全区农民、贫困户、新型农业经营主体、基层农业管理人员等群体开展农村电子商务、农产品品牌建设、农产品网络营销等培训。

二是以市场需求为抓手，开展社会化服务。2019 年以来，蔡甸运营中心安排专人对全区益农社按月巡检，根据农业农村局指导及当地新型农业主体的需求，陆续在全区建设 17 家扶贫网店及电商村，并结合自身优势开展各类蔬果采摘节及线上对接会，销售本地莲藕、西甜瓜、玉米等优质农产品。

4.2 襄阳市农业农村大数据建设

一、总体情况概述

（一）发展思路

坚持利用互联网的优势改造传统农业，促进互联网与农业的深度融合发展，加快推进现代农业转型升级。利用移动互联网、大数据、云计算、物联网等技术，加快农业生产过程的精准智能管理，加强产销对接，推动农业产业链的延伸，实现智能农业和农村信息服务能力的提升。引导产业化龙头企业、专业合作组织自建电子商务平台，加快推进农产品电子商务发展。围绕农业生产、加工、流通、销售、质量监管、农技推广等服务环节，构建集预警监控、数据集成、指挥调度、智能管理为一体的综合信息服务平台，推进全市"互联网+农业"的大数据应用公共服务。

（二）主要做法

（1）强化资源整合，夯实农业信息化基础。依托襄阳农业信息中心，整合9个县（市）区建立的农业信息工作站、乡镇农业信息服务站点资源，实现信息互通，进一步完善了农业信息网络基础，基本形成了市、县、乡、村农业信息网络全覆盖。

（2）强化技术升级，推广农业物联网应用。除移动通信、长途通信、数据通信、遥感监测、互联网技术外，还大力推广农业物联网和智能控制技术。目前襄阳市农业物联网系统拥有四个子系统，包括设施农业物联网生产大数据应用系统、大田农业物联网生产大数据应用系统、水产及畜牧养殖农业物联网生产大数据应用系统、观光休闲农业物联网生产大数据应用系统。四个子系统已建成多个试点基地，如南漳东巩食用菌种植基地、襄州绿神种植基地、老河口春雨大田基地、谷城玉皇剑茶叶气象站、襄城欧庙千弓村文江蔬菜种植基地、襄州邵鹏水塘控制示范区、襄城尹集襄草源生态农业观光基地等。

（3）强化平台建设，搭建农业信息化综合管理服务平台。立足襄阳市实际，搭建襄阳市农业信息化基础平台，建成襄阳市农业农村大数据综合应用平台、农业指挥调度中心、农业生产大数据管理体系、农业经营大数据管理体系、农业管理大数据体系、农业服务大数据体系以及多个应用系统的"1+1+4+N"模式。系统应用于种植、养殖、水产、农机、农技推广等业务，涉足生产、经营、指导、监督、管理、农业综合执法等领域，覆盖行政管理人员、监管人员、基层农技服务人员、农业新型经营主体、合作组织、种养大户、普通农户、城市居民等群体。

（4）强化综合服务，健全农业信息化服务平台。目前，襄阳市基本建成"八位一体"的农业信息化服务平台。包括襄阳市农业信息网、"农技110"热线、农业"12316"服务热线、"农信通"手机短信服务、农业远程教育系统、广电服务系统、报刊服务系统、农业气象服务系统等八大平台。从事政策宣传、动态播报、农业新知识新技术普及、农业技术在线咨询服务、农业政策咨询、投诉处理、农民远程教育培训、植保服务、气象服务等业务。利用报刊服务平台对外发布的《襄阳惠农手机报》，用户超过30万。开通的《垄上行》《襄阳植保》《快乐田园》《襄阳"三农"》等栏目，农村收视率高达70%。与《襄阳农情》《"三农"动态》《植保信息》等内部纸质刊物互为补充，为全市各类种养大户、家庭农场、农民合作社、农户提供信息、技术、气象等全方位服务。

（5）强化扶持和引导，促进农业电子商务发展。加强与商务、供销等部门合作，积极开展农村电子商务主体培育、电商对接培训、电商运营网络建设、信息进村入户、农业电商创新、典型示范推广、环境政策争取七大行动，农村电商蓬勃发展。目前，襄阳市有国家级电子商务进农村综合示范县2个，省级电子商务进农村综合示范县1个，全国供销社系统电子商务示范县1个。建成县级电子商务运营中心13个，乡镇电子商务服务站67个，村级电子商务服务点1721个，电商服务网点乡镇覆盖率达到84.6%，行政村覆盖率达到63.8%，线上销售农产品种类800余种。

（6）试点先行，积极推进农业信息进村入户工程。襄阳市谷城县、南漳县、襄州区为全省信息进村入户试点县。目前，全市共建成益农信息社 186 个。其中，市级运营中心 1 个，县级运营中心 1 个，乡镇标准站 26 个，专业站 30 个，覆盖行政村 129 个，服务农户 10000 余户，聘请益农社信息员 193 人，聘请益农社专家 154 人。

二、典型案例

（一）一网"织"尽畜牧事

2017 年 6 月，与牧中（上海）物联网科技有限公司合作，开发了"动检通"检疫出证系统在南漳县开展试点。当年该县所有官方兽医都在使用，辖区 685 家养殖企业注册应用。通过一部手机、一个 APP，在养殖环节，养殖档案电子台账、产地检疫一键提交、一键申报。2018 年初，在湖北省畜牧兽医局的指导下，又以"动检通"检疫出证系统为主线，将"动检通"、疫病监测、病死畜禽无害化处理、电子出证、第三方检测等系统进行有效整合，实现"五网"融合、互联互通，建成了襄阳畜牧大数据平台，构建了从养殖环节到屠宰环节全链条的信息化监管系统，让监管跑在风险前面，打造了畜牧业智慧监管的"襄阳样本"，及时预警、有效避免重大畜产品安全事件的发生。襄阳辖区所有 6532 家规模养殖场全部纳入，散养户通过镇村防疫员代管方式也纳入了"互联互通"，全市 400 多万头猪、30 多万头牛、近百万只羊、3000 多万只鸡被系统"一网织尽"，实现了"高效安全、实时监测、智能预警"，用户活跃率达到 80% 以上。目前，襄阳市"互联互通"畜牧大数据中心已经建成。一张互联网、一个数据库、一个新平台，通过一键进入、一键追踪、一键查看等功能，实现了动态与静态相结合、精准与即时相融合的高效、全智能化监管新模式。

（二）农产品质量安全追溯平台

为提高农产品质量安全监管数字化、智能化管理水平，保障农产品质量安全，襄阳市着力强化农产品质量安全追溯体系建设，重点谋划建设市级农产品质量安全追溯平台。农产品质量安全追溯平台2018年年底完成主体工程建设。该平台系统以二维条码为载体，主要应用于生产基地和生产企业。生产基地方面，应用便携式农事信息采集系统，实现生产履历信息的快速采集与实时上传；生产企业方面，应用农产品安全生产管理系统，实现农产品生产的产前提示、产中预警和产后检测；各生产企业数据汇集到园区管理部门，构建追溯平台数据库，实现上网、二维条码扫描、短信和触摸屏等方式的追溯，从而保障农产品质量。目前全市已有73家生产主体加入，14个"三品一标"农产品入网。同时，各县（市、区）因地制宜加快体系应用，如保康县探索以商务部门电商平台为基础，建立了农产品质量安全追溯平台；南漳县借助创建国家农产品质量安全县之机，围绕"中国有机谷"建成农产品质量安全追溯系统并投入使用。

（三）渔家乐·渔业远程实时测控系统

"渔家乐·渔业远程实时测控系统"由襄阳职业技术学院研发，荣获了湖北省第二届"我梦见——楚天创客"大赛获最佳创意奖、第五届中国"互联网"大学生创新创业大赛省赛金奖（高教赛道 创意组第二名）；第一届湖北省中华职业教育创新创业大赛决赛获金奖（高职组 全省第二名）等奖项。该系统契合水产养殖降耗增收需求，解决鱼农痛点，将设备供应商、技术服务商、养殖户需求有机融合。将单一因子检测控制创新为多因子检测控制，打造养殖"水环境因子采集、专家生产决策、渔机实时控制"为一体的物联网系统。应用该系统可使养殖单产增加17.95%左右，产值增长24.45%左右。2018年7月至今，先后与多家水产养殖机电仪器设备供应商开展试验，共同研发产品，均取得了良好的合作效果，目前已推广销售与合作企业共同研发的"渔家乐·渔业远程实时测控系统"90多台套。

（四）南美白对虾智能养殖系统

襄阳市闽升特种水产养殖有限公司主要养殖南美白对虾。该公司应用的智能养殖系统主要包括加热、增氧、智能养殖远程监控等板块：一是水上搭建太阳能硅板，利用太阳能进行水体加热；二是水面架设叶轮式增氧机 40 台，水底铺设微孔增氧设备，进行增氧作业，实行集约化、工厂化养殖，规范化管理。三是与湖北文理学院合作，在精养池塘安装智能养殖运程监控系统，实现自动检测水温、氨氮、pH、亚硝酸盐、酸碱度、容氧量等指标，相关数据与手机端连在一起，通过手机即可实现缺氧智能提示，远程操控开启增氧设备，随时查看虾在水下的活动状态。

（五）家庭农场监管服务数字化

从 2017 年开始，按照农业农村部要求，组织做好全国家庭农场名录系统填报工作，对家庭农场进行数字化监管。目前襄阳市已收录 4406 个家庭农场信息进入全国家庭农场名录系统。2020 年 3 月，省农业农村厅组织开发了湖北省新型农业经营主体信息管理平台。有关新型农业经营主体的支持政策、项目申报、信贷对接、担保服务、农险投保、绩效评价等信息的填报、发布及相关工作开展都将原则上通过该平台在线操作。目前全市已有 271 个家庭农场注册登录。

（六）农村集体资产清产核资信息数字化

按照农业农村部要求，襄阳市参与农村集体产权制度改革的 2473 个村清产核资数据全部录入全国农村集体资产清产核资管理系统。通过该系统对农村资源性资产、非经营性资产、经营性资产的数据进行统计和管理。

（七）集体经济组织登记赋码工作数字化

通过全国农村集体经济组织登记赋码管理系统，实时获得本辖区农村集体经济组织所需统一社会信用代码。宜城市作为农村集体产权制度改革试点县，参与改革的 205 个村已全部通过登记赋码系统获得了社会信用代码。

4.3　宜昌市农业农村大数据建设

一、发展成效

（一）基础设施明显改善

随着互联网的发展应用和智慧宜昌城市战略的实施，宜昌不断加强信息基础设施建设，实现了所有行政村通光纤、通固定电话、通政务专网，为宜昌市"信息化新农村"建设奠定了坚实基础。截至目前，全市农村通光纤网络 54.6 万户，农村家庭宽带普及率达到了 60%，4G 网络已经覆盖了 1000 多个行政村。同时，结合农村网格化管理，全力推动电子政务专网进农村，全市行政村 1348 个均已接通电子政务专网，覆盖率 100%。

（二）系统建设初显成效

各级农业部门积极顺应"互联网+"发展趋势，围绕农业生产、经营、管理、服务等方面打造农业信息系统。其中宜昌市本级基本建成了智慧农业市级平台农产品质量安全监管、智慧农资平台，全面服务全市各类农业经营主体和农业管理部门，为农业经营主体生产经营提供基础支撑，为管理部门科学决策提供数据支持。宜都、长阳两地积极利用耕地地力评价成果，同华中农业大学团队共同研发了手机导航种地系统，实现了农业综合技术集成一站式服务。宜都市同电信部门合作开发了农技宝 APP。

（三）服务体系日益完善

市政府成立了信息惠民工作领导小组，市农业农村局成立了市场与信息科、信息中心，9 个县区市农业农村局组建了市场信息股，乡镇（街道办事处）、行政村结合农村网格化建有相应的信息网格站点。目前，全市直接从事农业信息工作的人员有 100 余人，各乡镇（街道办事处）、行政村配备的网格化信息管理员有 9000 多名。通过多渠道、多形式的培训，这些信息员基本掌握了计算机使用基本知识和信息的采集、整理、分析、发布等技能，整体水平显著提高。全市基本建立起一个快速高效、上下联动的市、县、乡、村四级农业农村信息服务体系。

（四）应用水平显著提升

宜昌市建设有农业物联网应用基地 30 个，应用示范面积 37.5 万亩，涵盖了柑橘、蔬菜、畜牧、水产等行业；大田作物长势及病虫害监测预报防控系统应用面积达到 156 万亩；测土配方施肥面积 3400 万亩次；建成农产品标准化示范基地 230 个，有效保障了农产品质量安全。936 家农资经营店实行电子处方制，1487 家纳入农业综合执法信息化平台监管。2019 年全市涉农电商主体超 4600 家，线上销售农产品达 68.3 亿元，国家级、省级农业产业化重点企业开展电子商务业务达到 100%，市级在 65% 以上，全省 22 个淘宝村 14 个在宜昌。全市 1000 多个村开通了集电子党务、电子村务、电子服务、电子商务和电视为一体的农村"四务通"平台，农民逐步实现不出村镇就可以办理相关事宜，可通过电视、手机、电脑等学习种养技术，了解农产品市场行情。

二、主要做法

（一）打造农业农村大数据中心为管理决策提供支撑

2018 年宜昌市启动了智慧农业市级平台项目，该平台以"1+1+N"模式建设，即一个农业农村大数据中心、农业"一张图"云平台和 N 个智慧农业应用系统。2019 年 5 月通过初验，经过一年试运行，该平台功能日趋完善、数据日益丰富，能直观、形象、动态展示农业农村资源空间分布状况，充分展现宜昌农业的过去、现在。一是建成一库管"三农"。对已有 10 大类 60 余小类农业数据进行标准化处理，收集、整理入库，搭建农业数据中心，对现有分散的信息资源进行分析整理，在统筹现有业务系统、信息录入系统、新建设业务系统基础上，建立统一的、符合业务结构的数据资源中心，目前汇集了约 422 万条数据。编制了宜昌市农业信息化标准规范体系，解决农业信息采集、处理、分析、发布、使用脱节等问题，实现农业信息资源的整合和综合利用。二是实现一图看"三农"。将分布在各个系统不同类型、不同维度的农业数据统一汇集到农业"一张图"云平台，并进行可视化展示。目前可展示全市水稻、小麦、油菜、柑橘、茶叶等产业结构分布，1487 家农资经销商、9376 个新型农业经营主体、133 个休闲农业示范点和 500 多家三品一标使用企业。三是打造一网辅"三农"。整合及新建了耕地质量信息、休闲农业、农业科技服务、新型农业经营主体、农产品市场行情、"三品一标"、农村承包土地流转、农业信用评价、农作物监测、农产品质量安全、智慧农资、垄上宜昌 APP 等 12 个应用系统。

（二）深化农业物联网应用实现精准农业

宜昌市农业物联网基地涵盖了柑橘、蔬菜、畜牧、水产等行业，主要应用于农业生产自动化、农作物病虫灾害预警防控、农业生产节本增效等方面。一是生产自动化水平达到新高度。充分利用物联网实现灌溉施肥、生产管控自动化，全市水肥一体化应用面积达 7.7 万亩。宜昌柑橘科研展示园示范了柑橘大田种植及设施栽培智能控制、水肥一体化应用；星翔柑橘生产物联网应用覆盖 2100 亩柑橘园，以大数据、云计算改进了橘园监测统计、预警分析、信息发布等方式，健全了农业信息监测预警系统，提高了柑橘种管水平；晓曦红柑橘园环境采集与控制管理系统对柑橘幼苗繁育实行智能化管理，收集、分析繁育基地橘树生长相关数据，自动智能施肥施水等，实现橘树种植智能化。二是病虫害预警防控能力显著增强。瓦仓谷香公司建立了 1000 亩首个现代化数字农业种植基地，全面应用物联网技术，足不出户便能掌握气象情况、水肥情况、虫情、苗情、灾情，为农业生产病虫害绿色防控决策与科学管理提供参考依据，全面提升了病虫灾害预警和防控能力。三是农业生产节本增效作用凸显。现代渔业良种繁育基地打造水质在线监测系统，既降低了人工成本，节约了水质检测试剂成本，又减少了病害发生率，苗种存活率提高 10% 以上，年节本增效 10 万元。当阳建设500 亩柑橘智慧水肥一体化系统，优质果率达到 85% 以上，产品质量明显提升，节水率达到 30%~40%，节省化肥 40%~50%、每亩节省劳力 150~200 元。汲明茶业公司打造基地数字化智能平台，带动周边农户 300 余户，辐射周边 5000 余亩茶园，年增收 20%。东晟公司依托物联网，将 365 猪卫士、乐橙监控和云控通温控系统有机结合，生猪养殖实现智能管控，年节本增效 50 万元。

（三）开展北斗导航农机应用提升作业效率

宜昌市在各类农机具上安装北斗导航系统 420 台（套），既提升了农机作业信息化、精细化、科学化水平，又降低农机监管难度，节约劳力资源。一是实现农机精准作业。2016 年以来实时监测深松机作业约 26 万亩，引进 39 台（套）北斗终端设备用于捡拾打捆机上，跟踪管理作业 3.3 万亩，对每台机械的作业深度、质量、面积进行实时监测统计，以监测数据代替人工统计，保障作业进度。二是探索农机自动驾驶。有 9 台拖拉机用上了"北斗导航农机辅助驾驶系统"，将北斗 GNSS 卫星高精度定位技术与车辆自动驾驶技术相结合，能精确测量车辆的位置、航向和状态，自动控制车辆转向角度，引导车辆根据事先设定的路线行驶，减少了农机手的劳动强度，累计作业面积 2 万亩。三是辅助无人植保机操作。现有搭载北斗导航系统的无人植保机 63 台，在水稻、果蔬、小麦、玉米、油菜等农作物完成植保面积超 40 万亩。四是开展农机智能驾考。2016 年，引进搭载北斗导航系统的拖拉机驾驶资格证考试系统，能够进行学员培训管理、拖拉机驾驶员资格考试等。

（四）强化追溯体系建设确保质量安全

宜昌市建立了市、县、企业（合作社）三级农产品质量安全监管平台和追溯查询平台，建成以质量安全追溯管理为核心的农产品标准化生产基地 230 个，基本实现了正向实时监管、反向溯源追责的建设目标。秭归县水田坝乡未来农场脐橙生产基地首期 500 亩基地已实现全景 VR 直播画面，消费者购买的每一盒未来农场生产的脐橙都附有区块链信息，可以通过扫描二维码，查询到产品上市时间、品种、责任人、品质检测、基地全景、品质监控等详情。

(五) 推进信息进村入户健全基层信息服务体系

宜昌市按照"统筹规划、试点先行，需求导向、政企共建，政府扶持、市场运作，立足现有、完善发展"的原则，开展了农业信息进村入户试点，有效解决了农业信息服务"最后一公里"问题。在当阳、宜都、长阳、秭归、五峰、夷陵开展了信息进村入户工程，全市累计建设益农信息社 211 个，聘请益农信息社信息员 147 人、专家 170 人，培训村级信息员和农户 4734 余人次，服务农户 81434 户。2017 年、2018 年，当阳市王店镇西楚粮仓益农信息社周丹凤、双莲村益农信息社韩翠芳入选全国益农信息社百佳案例。以"三农"服务热线"五位一体"服务方式为重点，探索出农业信息服务新模式——"当阳模式"。一是推广公益服务模式。以乡镇益农信息社为依托，通过电话、电脑、手机、新媒体等互联网终端设备，结合农业专家，为农户提供农业远程在线指导服务。二是推广便民服务模式。以村级便民店、合作社等益农信息社为依托，为农户提供教育、医疗、卫生、交通、就业、农业政策等方面的信息查询和咨询服务，整合其他各类服务商开展代买、代卖、代收、代缴、代取等农村各项便民服务。三是推广电子商务模式。依托当阳运营中心，打造互联网乡游，重点探索休闲农业和乡村旅游、生态农产品采摘、土特产品的现场体验，通过乡村旅游服务引导带动本地特色农业产业提档升级。

(六) 创新投入品智能监管服务农业执法

积极探索"互联网+执法"，完善农资"来源可查、去向可追、责任可究"的追溯体系，2018 年建成 1 个市级农业综合执法信息管理中心和 9 个县级分中心，开发了农业投入品监管系统、农业投入品进销存系统、农业执法智能处理系统，初步实现了手机 APP

现场查询检查、网上办案互动、农资监管和数据分析、中心后台执法指挥等功能，促进了全市农业综合执法监管规范化和智慧化。目前全市共有 1487 家农资户使用"农资管家"。

4.4 农业农村大数据建设系列标准制定

一、初始农产品分类与编码标准

（一）标准概述

2021 年 3 月，湖北省地方标准《基于农业信息化应用的初始农产品分类与编码》（DB42/T1617—2021）正式实施。该标准由湖北省农业科学院农业经济技术研究所和湖北农村信息宣传中心共同起草，旨在满足湖北省乃至同行业农业信息化应用的需要，建立一个可供各部门使用，并与国际通行农产品目录相协调的初始农产品分类编码标准体系。其应用范围主要是农业信息化平台和农产品电子商务平台的建设，分类对象是湖北省内适宜种养殖和流通较广泛的且未经加工的初始农产品。该标准的提出和编制，是基于农业信息化领域的一项基础性标准应用，对搭建农业信息服务云平台、统一农业基础信息标准、提高农产品数据统计的准确性和与国际农产品数据可比性、加强农业生产现代化管理和监督及物资仓储和流通领域的信息化、推动农业技术可持续发展和农产品生产过程监管、对实现农业信息网络化服务、建立立体式无边界协作的新型产业生态圈具有重要意义。

（二）标准编制

1. 范围

标准规定了基于农业信息化应用的初始农产品的分类原则、分类方法、层次与编码设置、编制原则、分类与编码简表和分类与编码表，适用于湖北省农业信息化领域的初始农产品信息的采集、统计、分析、发布、追溯等管理活动，全国相似区域可以参考使用。

2. 术语和定义

（1）农业信息化：农业全过程的信息化，是用信息技术装备现代农业，依靠信息网络化和数字化支持农业经营管理，监测管理农业资源和环境，支持农业经济和农村社会信息化。

（2）初始农产品：农业生产活动中获得的植物、动物及其产品，不包括经过加工的各类产品。

（3）细类：分类体系的基本单元，一种农业生产活动中获得的植物、动物及其产品的名称。

（4）大类：按照瑞典生物学家林奈的两届分类系统建立的植物和动物类类别。

（5）中类：大类中按照农业学科基于生产实践中物种的生物特性划分成若干分支的类群。

（6）小类：中类中按照生物学科和农业学科相结合分类法细分成的若干分支类群。

3. 分类原则

按照科学性、系统性、规范性、兼容性、可延展性、易用性原则，在以农业物种的经济用途为主要分类依据，同时考虑农业信息化领域的特点，网络农业信息资源管理、共享和开发的需要的基础上，建立适用于农业信息化的初始农产品分类体系。

4. 分类方法

采用混合分类法，以线分类法为主，线面分类法相结合使用。将产品按照产品用途、产品经济价值等属性进行分类。

5. 层次与编码设置

（1）类目层次设置：采用二维复合编码形式，即初始农产品编码+用途编码。其中，初始农产品编码为层次码，划分为四个层级，从前到后依次为一级分类（大类）、二级分类（中类）、三级分类（小类）、四级分类（细类）；用途编码采用平行码，编码和用途类型为 C（食用）、D（饲用）、E（药用）、F（观赏用）、H（肥料用）、J（实验用）、K（役用）、L（加工用）。

（2）编码设置：大类编码用一位拉丁字母表示，即用字母 P 和 A；中类代码用两位阿拉伯数字表示，打破大类界限，从 01 开始按顺序编码；小类代码用三位阿拉伯数字表示，打破中类界限，从001开始按顺序编码；细类代码用两位阿拉伯数字表示，打破小类界限，从01开始按顺序编码，详见表4-1。用途编码用大写英文字表示，在初始农产品分类的最低层级，每种产品可以依次赋多个编码，但不重复。

表 4-1　　　　　　　　初始农产品编码示例

初始农产品编码				用途编码
大类	中类	小类	细类	
P 植物类				
	01 粮食类			
		001 稻		
			01 稻谷	CD
			02 稻秸秆	DL

（3）初始农产品命名方式：植物中文名称主要采用产品来源物种+应用部位的方法来命名，例如："玉米籽粒"＝"玉米"+"籽粒"。对已经拥有约定俗成的通用商品名的产品，不使用上述方法，直接使用通用商品名，例如："茭"对应的产品为"茭白"。当实际生产或市场流通中需要使用其他名称时，在"别名"栏中补充说明，例如："番茄"的别名为"西红柿"。

动物中文产品名称主要采用活+产品来源物种，例如活猪＝"活"+"猪"，对于已经拥有约定俗称的通用商品名的产品，使用产品来源物种+通用商品名，例如"鹌鹑蛋"＝"鹌鹑"+"蛋"。当实际生产或市场流通中需要使用其他名称时，在"别名"栏中补充说明，例如"活团头鲂"的别名为"活武昌鱼"。

英文名称主要采用《现代汉英词典》或《汉英农业分类词典》中产品的英文名称或国际通用名称，例如："大麦籽粒"的英文名称为"Barley kernel"。有些直接采用产品来源物种的拉丁名，例如："对节白蜡"的英文名称为"Fraxinus hupehensis"。

6. 编制原则

标准的分类原则是以初始农产品的来源物种的主要经济价值为分类主线，以初始农产品的多种用途属性进行补充。标准是开放体系，编码可在各层增加内容，新增加的产品按本标准体系的分类规则排列在该产品所属类目之后。

（三）分类与编码简表（见表4-2）

表4-2 初始农产品分类与编码

序号	类 别 名 称	代码
1	一、植物类	P
2	粮食类	P1
3	纤维类	P2
4	油料类	P3
5	糖料类	P4
6	嗜好类	P5
7	瓜果蔬类	P6
8	食用菌藻类	P7
9	饮料类	P8
10	香料类	P9
11	药用类	P10
12	花卉类	P11
13	绿化观赏林木	P12
14	染料类	P13
15	漆料类	P14
16	胶液料类	P15
17	职料类	P16
18	饲料类	P17

续表

序号	类 别 名 称	代码
19	肥料类	P18
20	用材林木	P19
21	二、动物类	A
22	肉类	A1
23	蛋类	A2
24	乳类	A3
25	毛皮类	A4
26	药材类	A5
27	丝蜜类	A6
28	役力类	A7
29	宠娱观赏类	A8
30	实验类	A9
31	饲饵类	A10

（四）分类与编码详表（见表4-3）

表4-3 初始农产品分类与编码表（部分）

产品编码	用途编码	初始农产品名称	别名	英文名称
P		植物类		
P01		粮食类		
P01 001		稻		
P01 001 01	CD	稻谷		Paddy rice
P01 001 02	DL	稻秸秆		Rice straw
P01 002		大麦		

续表

产品编码	用途编码	初始农产品名称	别名	英文名称
P01 002 01	CD	大麦籽粒	皮大麦籽粒	Barley kernel
P01 002 02	DL	大麦秸秆		Barley straw
P01 003		青稞		
P01 003 01	CD	青稞籽粒	裸大麦籽粒	Hulless barley kernel
P01 004		小麦		
P01 004 01	CD	小麦籽粒		Wheat kernel
P01 004 02	DL	小麦秸秆		Wheat straw
P01005		黑麦		
P01005 01	CD	黑麦籽粒		Rye kernel
P01 005 02	DL	黑麦秸秆		Rye straw
P01 006		玉米		
P01006 01	CDI,	玉米	包谷	Com
P01 006 02	CDL	玉米籽粒	包谷籽粒	Dry com kernel
P01 006 03	DL	玉米秸秆		Com straw
P01 007		高粱		
P01007 01	CDL	高粱籽粒		Sorghum kernel
P01 007 02	DL	高粱秸秆		Sorghum straw
P01 008		粟		
P01008 01	CD	粟籽粒	谷子籽粒	Millet kernel
P01 009		稷		
P01009 01	CD	稷籽粒		Broomcom millet kernel
P01 009 02	DL	稷秸秆		Broomcom milllet straw
P01 010		燕麦		
P01 010 01	CD	燕麦籽粒		Oat kernel
P01 011		莜麦		
P01 011 01	CD	莜麦籽粒	裸燕麦籽粒	Naked oat kernel
P01 012				
P01 012 01	CD	薏苡籽粒	薏仁籽粒	Coix kernel

续表

产品编码	用途编码	初始农产品名称	别名	英文名称
P01 013		荞麦		
P01 013 01	CD	荞麦籽粒		Buckwheat kernel
P01 014		赤豆		
P01 014 01	C	赤豆籽粒	红豆籽粒	Red adzuki bean kernel
P01 015		绿豆		
P01 015 01	CD	绿豆籽粒		Mung bean kernel
P01 016		蚕豆		
P01 016 01	CD	蚕豆	罗汉豆	Faba bean
P01 017		豌豆		
P01 017 01	CD	豌豆籽粒		Garden pea kernel
P01 017 02	C	食荚豌豆	软荚豌豆、荷兰豆	Sugar pod garden pea
P01 017 03	C	豌豆苗	豆苗、豌豆芽	Garden pea seedling
P01 018		大豆		
P01 018 01	CD	大豆籽粒		Soybean grain
P01 018 02	C	菜用大豆	毛豆	Vegetable soybean
P01 019		马铃薯		
P01 01901	CDL	马铃薯	土豆、洋芋	Potato
P01 020		甘薯		
P01 020 01	CDL	甘薯	红薯、地瓜	Sweet potato
P01 020 02	C	甘薯尖	苕尖	Sweet potato leaf
……	……	……	……	……
A		动物类		
A01		肉类		
A01 001		猪		
A 01 001 01	CJL	活猪		Live pig
A 01 002		中华竹鼠		

113

续表

产品编码	用途编码	初始农产品名称	别名	英文名称
A 01 002 01	CL	活中华竹鼠	活竹根鼠、活竹鼬	Live Chinese bamboo rat
A 01 003		牛蛙		
A 01 003 01	CEL	活牛蛙	活菜蛙	Live bullfrog
……	……	……	……	……
A01 010		中华鳖		
A01 01001	CL	活中华鳖	活甲鱼	Live Chinese soft-shell turtle
A01 010 02	CL	中华鳖蛋		Chinese soft-shell turtle eggs
A01 Oil		珍珠鳖		
A01 011 01	CL	活珍珠鳖		Live florida softshell turtle
A01 011 02	CL	珍珠鳖蛋		Florida softshell turtle eggs
A01 012		乌龟		
A01 01201	CFL	活乌龟		Live Reeves' turtle
A01 012 02	CL	乌龟蛋		Reeves' turtle eggs
A01 013		平胸龟		
A01 013 01	CEL	活平胸龟	活鹰嘴龟	Live big-headed turtle
A01 013 02	CL	平胸龟蛋		Big-headed turtle eggs
A01 014		黄颡鱼		
A01 014 01	CL	活黄颡鱼	活黄辣丁	Live yellow-headed catfish
A 01 015		瓦氏黄颡鱼		
A 01 015 01	CL	活瓦氏黄颡鱼	活江黄颡鱼	Live darkbarbel catfish
A 01 016		光泽黄颡鱼		
A 01 016 01	CL	活光泽黄颡鱼	活尖嘴黄颡、活油黄姑鱼	Live shining catfish
A 01 017		长吻鮠		
A 01 017 01	CL	活长吻鮠	活江团	Live chinses longsnout catfish

续表

产品编码	用途编码	初始农产品名称	别名	英文名称
A 01 018		粗唇鮠		
A 01 018 01	CL	活粗唇鮠		Live Pseudobagrus crassilabris
A 01 019		大刺鳅		
A 01 019 01	CL	活大刺鳅	活刀枪鱼	Livetire track eel
A 01 020		长丝鲈		
A 01 020 01	CL	活长丝鲈		Live giant gourami
A 01 021		鲥		
A 01 021 01	CL	活鲥	活迟鱼	Live reeves shad
A01 022		虹鳟		
A01 022 01	CL	活虹鳟		Live rainbow trout
A01 022 02	CL	虹鳟鱼籽		Rainbow trout roes
A01 023		黄鳝		
A01 023 01	CL	活黄鳝		Live asian swamp eel
A01 024		胡子鲶		
A01 024 01	CL	活胡子鲶		Live hong kong catfish
A01 025		革胡子鲶		
A01 025 01	CL	胡子鲶		Live north african catfish
A01 026		斑点叉尾鮰		
A01 026 01	CL	活斑点叉尾鮰		Live channel catfish
A01 027		军曹鱼		
A01 027 01	CL	活军曹鱼	活海鲗	Livecobia
A01 028		花鲐		
A01 028 01	CL	活花鲐	活吉花鱼	Live spotted steed
A01 029		多鳞白甲鱼		
A01 029 01	CL	活多鳞白甲鱼	活赤鳞鱼	Live Onycho stoma macrolepis
A01 030		白甲鱼		
A01 030 01	CL	活白甲鱼		Live Onycho stoma simum
……	……	……	……	……

二、食用农产品质量追溯信息库建设规范

（一）标准概述

当前，在已发布的国家和行业标准中，与农产品追溯相关的标准大致可以分为两类：一类是操作规程相关的标准，是对追溯信息编码、信息采集和信息管理等操作进行规范化要求，如《农产品质量安全追溯操作规程通则》（NY/T 1761—2009）、《农产品质量安全追溯操作规程水果》（NY/T 1762—2009）、《农产品质量安全追溯操作规程水产品》（NY/T 3204—2018）等；另一类是与农产品追溯要求相关的标准，是在农产品生产、流通、交易等环节的信息内容、采集方式和表达方法上做了进一步的规范，如《农产品追溯要求 水产品》（GB/T 29568—2013）、《养殖水产品可追溯信息采集规程》（SC/T 3045—2014）、《食品追溯信息记录要求》（GB/T 37029—2018）等；缺乏全面涉及农产品质量追溯信息库建设的标准。2021 年 5 月，湖北省地方标准《食用农产品质量追溯信息库建设规范》（DB42/T1644—2021）正式实施。该标准由湖北省农业科学院农业经济技术研究所和湖北农村信息宣传中心共同起草，旨在标准化食用农产品质量追溯信息库建设过程，对从农田到餐桌的全程数据的采集、分类、存储进行规范，有利于准确、及时、详尽地向消费者提供真实、可靠的农产品信息，有利于提高生产经营者安全生产经营的自觉性，有利于对问题农产品溯源追责的处理；同时，能够促进农产品质量的进一步提高和农产品电子商务的发展。

（二）标准编制

1. 范围

标准规定了食用农产品质量追溯信息库建设规范的术语和定义、基本原则和信息库建设内容。本文件适用于农业信息化应用领域中，对食用农产品生产、加工、储运、销售各环节信息进行追溯的信息库建设。

2. 信息库建设内容

（1）农产品关联信息

农产品关联信息是通过选择农产品的关联选项，将农产品与农业信息化平台的其他数据关联起来，形成闭合的农业产业链信息。农产品关联信息项目和说明见表4-4。

表4-4 农产品关联信息

信息项目	要素类型	描述或说明
通用名称信息	必填项	农产品通用名称
分类信息	必填项	行业分类、产品分类
关联物种信息	必填项	关联物种名称
	选填项	物种保护级别

关联物种信息应符合 DB42/T 1473《农业种养物种信息化分类与编码》的要求。

注：必填项中无法提供信息的项目可以填写"无"，不影响农产品关联信息的上传。

（2）农产品基本信息

农产品基本信息项目和说明见表4-5。

表4-5 农产品基本信息

信息项目	要素类型	描述或说明
一般信息	必填项	商品名、品牌、来源、图片、是否鲜活农产品、是否转基因农产品、营养价值、防伪信息
认证信息	选填项	类型、认证时间、认证机构、有效期内认证证书照片或扫描件
荣誉信息	选填项	名称、类型、颁证时间、颁证机构、荣誉证书照片或扫描件
质量检测信息	必填项	报告名称、编号、检测日期、检测机构、质量检测值、质量检测报告的照片或扫描件

信息项目	要素类型	描述或说明
安全检测信息	必填项	报告名称、编号、检测日期、检测机构、安全检测值、安全检测报告的照片
防疫检疫信息	必填项	证书类型、编号、颁发日期、颁发机构、证书照片或扫描件

　　注：必填项中无法提供信息的项目可以填写"无"，不影响农产品基本信息的上传。

　　（3）农产品生产信息

　　农产品生产信息项目和说明见表4-6~表4-9。

表4-6　　　　　　　　　　植物农产品生产信息

信息项目	要素类型	描述或说明
生产基地信息	必填项	基地名称、基地地址或者统一社会信用代码、基地联系方式、基地负责人详细信息（如：个人信息、诚信情况、违法违规情况、执业情况等）、基地灌溉水检测报告、土壤检测报告、基地地块编号、基地资质认证、设施类型
	选填项	基地技术人员详细信息、基地面积、基地平面图、基地人员出入情况、业务培训情况
品种来源信息	必填项	类型、品种名称、供应商、生产单位、生产许可证号、检测证书、生产批号、生产日期、保质期、购入者详细信息
	选填项	购入日期、购入量
种植信息	必填项	种植者详细信息、种植品种、种植方式、种子处理方法、土壤处理方法、播种时间、种植数量规模、整地时间、定植或直播时间、育苗时间
灌溉信息	必填项	灌溉时间、灌溉人详细信息、灌溉量、灌溉水来源及水质状况、灌溉方式

续表

信息项目	要素类型	描述或说明
施肥信息	必填项	肥料名称、肥料种类、肥料生产企业、肥料登记证号、肥料规格、肥料成分含量、肥料产品批号、肥料生产日期、肥料保质期、肥料供应商、肥料使用方式、施用量、施肥时间、施肥人详细信息、肥料购入者详细信息
	选填项	肥料购入时间、肥料购入量
病虫草害防治信息	必填项	病虫草害名称、防治病虫害对象、发生情况、发生时间、农药名称、农药供应商、生产企业、生产许可证号、生产批次号、登记证号、药物成分含量、剂型规格、生产日期、保质期、合格证号、农药使用日期、使用方式、药物每亩使用量、安全间隔期、使用人详细信息、使用人资质、药物购入者详细信息
	选填项	药物购入时间、药物购入量
生产机械信息	必填项	生产机械名称、生产机械使用方法、生产机械规格、生产机械编号、生产机械产品合格证、生产机械供应商、生产机械生产单位、生产机械生产许可证、操作人详细信息
	选填项	生产机械检验维护与维修记录、生产机械使用时间
采收信息	必填项	产品名称、采收时间、采收标准、采收工具及卫生、检验日期、检验机构、检验结果、产品批次、采收基地编码、采收天气、采收量、采收人详细信息、产品编码与标识
	选填项	采收产品认证信息（如有机食品、绿色食品）
采收后处理信息	必填项	处理方式、处理数量、处理时间、处理环境温度、湿度、卫生状况、处理人详细信息

注：当必填项中无法提供信息的项目可以填写"无"，不影响植物农产品生产信息的上传。

119

表 4-7 动物农产品生产信息（畜禽）

信息项目	要素类型	描述或说明
养殖场信息	必填项	养殖场名称、养殖场地址或者统一社会信用代码、养殖场联系方式、养殖场负责人详细信息、养殖场编号、养殖场环境、设施类型、养殖场防疫合格证照片或扫描件
	选填理	养殖场技术人员详细信息、养殖场面积、养殖场平面图、养殖场人员出入情况、业务培训情况
必填项	必填项	类型、品种名称、大小规格、供应商、生产单位、生产许可证号、检疫证、出生日期、购入者详细信息
	选填项	购入日期、购入量
养殖信息	必填项	养殖者详细信息、饲养方式、喂养记录、饮用水水质信息、光照记录、温度、湿度、粪便处理信息、无害化处理记录、养殖产品状态
饲料及饲料添加剂信息	必填项	饲料及饲料添加剂名称、饲料及饲料添加剂批号、饲料及饲料添加剂登记证号、饲料及饲料添加剂主要成分、饲料及饲料添加剂添加量、饲料及饲料添加剂添加方式、饲料及饲料添加剂生产日期、饲料及饲料添加剂保质期、饲料及饲料添加剂添加人详细信息、饲料及饲料添加剂购入者详细信息
	选填项	饲料及饲料添加剂购入时间、饲料及饲料添加剂购入量
用药信息	必填项	发病症状、发病时间、诊断、药物名称、药物供应商、生产企业、生产许可证号、生产批次号、登记证号、药物成分含量、剂型规格、生产日期、保质期、合格证号、药物使用日期、使用方式、使用量、休药期、使用人详细信息、使用人资质、药物购入者详细信息
	选填项	药物购入时间、药物购入量

信息项目	要素类型	描述或说明
消毒剂信息	必填项	消毒剂名称、消毒剂供应商、消毒剂生产企业、消毒剂生产许可证号、消毒剂生产批次号、消毒剂合格证号、消毒剂产品批号、消毒剂登记证号、消毒剂成分、消毒剂生产日期、消毒剂保质期、消毒剂使用日期、责任人、使用方式、使用人详细信息、使用人资质、消毒剂使用浓度、消毒剂使用量、消毒剂购入者详细信息
	选填项	消毒剂购入时间、消毒剂购入量
疫苗信息	必填项	疫苗种类、疫苗名称、疫苗供应商、疫苗生产企业、疫苗生产许可证号、疫苗生产批次号、疫苗注射日期、使用疫苗时畜禽日龄数、责任人详细信息、疫苗注射人详细信息、注射人资质、疫苗成分、疫苗浓度、疫苗使用量、疫苗合格证号、疫苗登记证号、疫苗生产日期、疫苗保质期、疫苗购入者详细信息
	选填项	疫苗购入时间、疫苗购入量
生产机械信息	必填项	生产机械名称、生产机械使用方法、生产机械规格、生产机械编号、生产机械产品合格证、生产机械供应商、生产机械生产单位、生产机械生产许可证、操作员详细信息
	选填项	生产机械检验维护与维修记录、生产机械使用时间
幼畜分栏信息	必填项	分栏日期、数量、体重、幼畜健康情况、幼畜编码
出栏信息	必填项	出栏时间、出栏数量、出栏重量、动物检疫合格证明、产品编码与标识
	选填项	产品认证信息（如有机食品、绿色食品）

注：当必填项中无法提供信息的项目可以填写"无"，不影响动物农产品生产信息（畜禽）的上传。

121

表 4-8   动物农产品生产信息（水产）

信息项目	要素类型	描述或说明
养殖场信息（人工养殖）	必填项	养殖场名称、养殖场地址、养殖场联系方式、养殖场负责人详细信息、养殖场编号、养殖场环境、设施类型
	选填项	养善场技术人员详细信息、养殖场面积、水深、养殖场平面图、养殖场人员出入情况、业务培训情况
品种来源信息（人工养殖）	必填项	类型、品种名称、大小规格、供应商、生产单位、生产许可证号、检疫证、投放日期、孵化日期、购入者详细信息
	选填项	购入日期、购入量
养殖信息（人工养殖）	必填项	养殖者详细信息、养殖方式、投喂记录、养殖密度、养殖水质检测报告、无害化处理记录、养殖产品状态
饲料信息（人工养殖）	必填项	饲料及饲料添加剂名称、饲料及饲料添加剂批号、饲料及饲料添加剂登记证号、饲料及饲料添加剂主要成分、饲料及饲料添加剂添加量、饲料及饲料添加剂添加方式、饲料及饲料添加剂生产日期、饲料及饲料添加剂保质期、饲料及饲料添加剂添加人详细信息、饲料购入者详细信息
	选填项	饲料及饲料添加剂购入时间、饲料及饲料添加剂购入量
施肥信息（人工养殖）	必填项	肥料名称、肥料种类、肥料生产企业、肥料登记证号、肥料规格、肥料成分含量、肥料产品批号、肥料生产日期、肥料保质期、肥料供应商、肥料使用方式、施用量、施肥时间、施肥人详细信息、肥料购入者详细信息
	选填项	肥料购入时间、肥料购入量

续表

信息项目	要素类型	描述或说明
用药信息 （人工养殖）	必填项	发病症状、发病时间、诊断、药物名称、药物供应商、生产企业、生产许可证号、生产批次号、登记证号、药物成分含量、剂型规格、生产日期、保质期、合格证号、药物使用日期、使用方式、使用量、休药期、使用人详细信息、使用人资质、药物购入者详细信息
	选填项	药物购入时间、药物购入量
消毒剂信息 （人工养殖）	必填项	消毒剂名称、消毒剂供应商、消毒剂生产企业、消毒剂生产许可证号、消毒剂生产批次号、消毒剂合格证号、消毒剂产品批号、消毒剂登记证号、消毒剂成分、消毒剂生产日期、消毒剂保质期、消毒剂使用日期、责任人、使用方式、使用人详细信息、使用人资质、消毒剂使用浓度、消毒剂使用量、消毒剂购入者详细信息
	选填项	消毒剂购入时间、消毒剂购入量
移池(换塘) 信息(人工养殖)	选填项	移池（换塘）日期、移池（换塘）负责人详细信息、移池（换塘）产品数量与规格、移池（换塘）产品批次编号
生产机械信息 （人工养殖）	必填项	生产机械名称、生产机械使用方法、生产机械规格、生产机械编号、生产机械产品合格证、生产机械供应商、生产机械生产单位、生产机械生产许可证、操作人详细信息
	选填项	生产机械检验维护与维修记录、生产机械使用时间
捕捞信息	必填项	捕捞地点、捕捞日期、捕捞数量、捕捞规格、捕捞方法、动物检疫合格证明、产品编码与标识、捕捞者详细信息
	选填项	产品认证信息（如有机食品、绿色食品）

续表

信息项目	要素类型	描述或说明
捕捞后处理信息	必填项	处理方式、处理数量、处理时间、处理环境温度、湿度、卫生状况、处理人详细信息

注：当必填项中无法提供信息的项目可以填写"无"，不影响动物农产品生产信息（水产）的上传。

表 4-9 微生物农产品生产信息

信息项目	要素类型	描述或说明
生产基地信息	必填项	基地名称、基地地址或者统一社会信用代码、基地联系方式、基地负责人详细信息、基地资质认证、基地编号、设施类型
	选填项	基地技术人员详细信息、基地面积、基地平面图、基地人员出入情况、业务培训情况
菌种来源信息	必填项	菌种名称、菌种类型、供应商、生产单位、生产许可证号、检测报告、菌种级别、购入者详细信息
	选填项	购入日期、购入量
栽培信息	必填项	栽培基质、栽培方式、接种负责人详细信息、接种日期、基质成分、栽培负责人详细信息、栽培时间、栽培工艺、栽培环境卫生、温度、湿度、光照
基质信息	必填项	基质主辅原料名称、基质主辅原料种类、基质主辅原料生产企业、基质主辅原料登记证号、基质主辅原料成分、基质主辅原料产品批号、基质主辅原料生产日期、基质主辅原料保质期、基质主辅原料供应商、基质贮存条件、基质配置时间、基质配置负责人详细信息、基质购入者详细信息
	选填项	基质主辅原料购入时间、基质主辅原料购入量

续表

信息项目	要素类型	描述或说明
用药信息	必填项	发病症状、发病时间、诊断、药物名称、药物供应商、生产企业、生产许可证号、生产批次号、登记证号、药物成分含量、剂型规格、生产日期、保质期、合格证号、药物使用日期、使用方式、使用量、安全间隔期/休药期、使用人详细信息、使用人资质、药物购入者详细信息
	选填项	药物购入时间、药物购入量
消毒剂信息	必填项	消毒剂名称、消毒剂供应商、消毒剂生产企业、消毒剂生产许可证号、消毒剂生产批次号、消毒剂合格证号、消毒剂产品批号、消毒剂登记证号、消毒剂成分、消毒剂生产日期、消毒剂保质期、消毒剂使用日期、责任人、使用方式、使用人详细信息、使用人资质、消毒剂使用浓度、消毒剂使用量、消毒剂购入者详细信息
	选填项	消毒剂购入时间、消毒剂购入量
生产机械信息	必填项	生产机械名称、生产机械使用方法、生产机械规格、生产机械编号、生产机械产品合格证、生产机械供应商、生产机械生产单位、生产机械生产许可证、操作人详细信息
	选填项	生产机械检验维护与维修记录、生产机械使用时间
采收信息	必填项	采收时间、采收天气、采收量、采收人详细信息、采收工具及卫生状况、成熟度、产品编码与标识
	选填项	产品认证信息（如有机食品、绿色食品或无公害食品）
采收后处理信息	必填项	处理方式、数量、处理时间、处理环境温度、湿度、卫生状况、处理人详细信息、产品编码与标识

注：当必填项中无法提供信息的项目可以填写"无"，不影响微生物农产品生产信息的上传。

（4）农产品加工信息

农产品加工信息项目和说明见表4-10。

表4-10   农产品加工信息

信息项目	要素类型	描述或说明
加工企业信息	必填项	企业名称、企业法人详细信息、企业联系方式、企业地址或者统一社会信用代码、企业资质、许可证编号、企业负责人详细信息
	选填项	企业技术人员详细信息、企业面积、企业平面图、企业人员出入情况、业务培训情况
原料来源信息	必填项	原料生产基地/养殖场名称、原料名称、原料生产/出栏日期、原料规格、原料质量情况、原料产品检验报告/动物检疫合格证明、原料采购人详细信息
	选填项	原料购入时间、原料购入量
加工过程信息	必填项	加工起止时间、加工负责人详细信息、加工方式、加工工艺、产品质量情况、原料用量、加工后半成品或成品数量、检验人员详细信息、加工环境温度、湿度及卫生状况
辅料及添加剂信息	必填项	辅料及添加剂名称、辅料及添加剂供应商、辅料及添加剂生产企业、辅料及添加剂生产许可证号、辅料及添加剂生产批次号、辅料及添加剂登记证号、辅料及添加剂添加方式、辅料及添加剂主要成分、辅料及添加剂添加量、辅料及添加剂生产日期、辅料及添加剂保质期、辅料及添加剂添加时间、辅料及添加剂质量安全检测/防疫检测证明、辅料及添加剂购入者详细信息、辅料及添加剂添加人详细信息
	选填项	辅料及添加剂购入时间、辅料及添加剂购入量

续表

信息项目	要素类型	描述或说明
加工机械信息	必填项	加工机械名称、加工机械使用方法、加工机械规格、加工机械编号、加工机械产品合格证、加工机械供应商、加工机械生产单位、加工机械生产许可证、操作人详细信息
	选填项	加工机械检验维护与维修记录、加工机械使用时间
加工产品信息	必填项	加工产品名称、生产日期、批号、加工产品的唯一性编码与标识、加工产品质量情况、加工产品数量、规格、保质期、加工产品检验报告
	选填项	加工产品认证信息
包装信息	必填项	产品批号、包装时间、包装数量、包装方式、包装材料及卫生状况、包装规格及环境卫生状况、包装负责人详细信息、包装人员详细信息

注：当必填项中无法提供信息的项目可以填写"无"，不影响农产品加工信息的上传。

（5）农产品储运信息

农产品储运信息项目和说明见表 4-11。

表 4-11　　　　　　　　农产品储运信息

信息项目	要素类型	描述或说明
储存信息	必填项	储存前处理方式、储存前处理日期、储存方式、储存地点、堆码方式、储存密度、储存环境温度、储存环境湿度、储存环境卫生状况、负责人详细信息、入库日期、入库单号、入库方式、入库数量、出库日期、出库单号、出库方式、出库数量、产品批次号

信息项目	要素类型	描述或说明
运输信息	必填项	运输日期、运输数量、运输方式、运输工具、运输工具型号、运输工具牌号、运输温度、湿度、保鲜方式、卫生状况、运输起止时间、运输起止地点、运输人员详细信息

注：当必填项中无法提供信息的项目可以填写"无"，不影响农产品储运信息的上传。

（6）农产品销售信息

农产品销售信息项目和说明见表4-12。

表4-12 **农产品销售信息**

信息项目	要素类型	描述或说明
经销商信息	必填项	经销商名称、法人详细信息、联系方式、地址或者统一社会信用代码、经销商资质、销售点
零售信息	必填项	零售负责人详细信息、零售时间、零售品名称及地址、产品批号、产品生产日期、产品保质期、零售区域环境卫生状况、温度、湿度、零售方式
	选填项	零售价格、产品可售量、产品起售量、单次最大供货量、进货时间、销售时间/上架时间、零售数量
售后服务信息	必填项	售后服务承诺书、售后时间、退换货方式、售后服务地址、联系人、联系方式

注：当必填项中无法提供信息的项目可以填写"无"，不影响农产品销售信息的上传。

三、乡村基础信息分类

（一）标准概述

中央网络安全和信息化委员会办公室制定发布的《数字农业农村发展规划（2019—2025）》明确提出要"加快推进农业农村生产经营精准化、管理服务智能化、乡村治理数字化"。以信息化推动农业农村现代化发展和转型，既是乡村振兴的战略方向，也是建设数字中国的重要内容。2021年10月，湖北省地方标准《农业农村大数据应用乡村基础信息分类》（DB42/T 1749—2021）正式实施。该标准由湖北省农业科学院农业经济技术研究所、湖北省标准化与质量研究院联合起草，旨在满足湖北省数字乡村建设乃至全国类似建设的需要，建立起一个可供各部门使用的乡村基础信息标准体系。

（二）标准制定

1. 范围

标准规定了乡村基础信息分类的术语和定义、提供和公布的基本原则、信息分类、信息内容、信息格式和信息管理要求，适用于农村大数据应用领域的形成基础信息采集、存储、交换、共享和利用。

2. 分类原则

标准的分类遵循以下几项原则：一是科学性原则，以适合大数据技术应用和管理为目标，按乡村信息的来源和属性进行科学分类。二是完整性原则，信息分类体系覆盖已有的农业农村大数据应用中的乡村基础信息的类型。三是可扩展性原则，分类体系有适当的扩充余地，根据需要可以增加新的信息类别。

3. 分类方法

乡村基础信息采用线性分类法，按从属关系依次分为：大类、中类、小类。其中，大类包括：乡村自然资源信息、组织信息、居民及居民户信息、乡村治理信息。大类不得重新定义和扩充。中类、小类可以根据需要进行扩充。

4. 类别设置

（1）乡村自然资源信息

地理信息：地貌（自然地貌和人工地貌），植被（农林用地和城市绿地），居民地及设施（居民地、工矿及其设施、农业及其设施、公共服务及其设施、科学观测站、其他建筑物及其设施），交通（铁路、城际公路、乡村道路、道路构造物及其附属设施、水运设施、航道、空运设施等），境界与政区信息，管线（输电线、通信线、油/气/水输送主管道）等。

气象信息：总辐射，光照度，日照时数，温度（日最高气温、日最低气温、日平均温度、地表温度、候平均温度、旬平均温度、月平均温度、年平均温度），总积温，有效积温，降水量（日降水量、年降水量、降水量等级、年平均降水量），年平均蒸发量，相对湿度，风速，风力，无霜期，节气，季节，气候类型，空气质量（空气质量指数、PM2.5浓度、PM10浓度），气象灾害等。

水体信息：水体类型（江、河、湖、海、冰川、积雪、水库、池塘），水体面积，蓄水能力，水体质量等。

地质矿产信息：矿产名称，矿产类型（能源矿产、金属矿产、非金属矿产、水气矿产），储量等。

土壤信息：土壤质地（砂土、壤土、黏土），土壤容重，土壤田间持水量，土壤环境条件（地形、坡度、覆被度、侵蚀度），土壤物理性状（土层厚度、耕层厚度、质地、障碍层位），土壤养分储量指标（有机质、全氮、全磷、全钾），养分有效状态（有效磷/全磷、有效钾/全钾等），土壤生物数量，活性，土壤环境质量等。

生物信息：野生动物信息和野生植物信息（名称、数量、保护级别等）。

（2）乡村组织信息

村（居）委会信息：村（居）委会名称，所处位置，联系方式，领导班子，历史沿革，乡村区划，行政区划代码，人口民族，经济社会发展（产业类型、产业名称、产量、产值等），荣誉称号，风景名胜，文化遗产等。

经济组织信息：经济组织名称，统一社会信用代码，组织机构代码，纳税人识别号，法定代表人，企业类型，工商注册号，所属行业，注册资金，注册地址，年检，税务登记，营业执照吊销，经营范围，资产信息（固定资产、流动资产、无形资产），机构设置，办公地址，产业名称，产业类型，主要产品，全年收入，政府补贴资金，贷款，经营规模，用工人数，临时雇佣人数，主要销往等。

公共服务机构信息：公共服务机构名称，组织机构代码，统一社会信用代码，登记机关，机构类型，机构类型代码，隶属关系，隶属关系代码，负责人，法定代表人，注册地址，经营范围，资产信息（固定资产、流动资产、无形资产），机构设置，办公地址，领导班子，人员信息，能力参数等。

（3）乡村居民及居民户信息

公安户籍信息：姓名及拼音，身份证类型及号码，公民身份号码，出生日期，性别，民族，出生地，常住户口所在地，户口类别，户籍登记地址，户口所在地邮政编码，曾用名，籍贯，户主身份证号码，与户主关系，死亡标识，死亡日期，死亡登记日期等。

教育信息：所学专业，学位，学历，语种，语种熟练度，最高学历（学历名称、毕业学校、毕业时间、专业等），学位授予时间，其他所学专业，学生学籍号，农村实用人才类别，等级及证书发放单位等。

劳动就业信息：从业状况，职业，职业资格等级，资格审批单位名称，取得资格时间，参加工作时间，就业经历，就业意愿，就业意向，职务，专业技术职称等。

民政信息：婚姻信息（如婚姻状况、婚姻登记时间等），收养信息（如收养人姓名、收养时间等），优抚安置信息（如优抚对象、享受定期抚恤补助状况、定期优抚金额等），社会救济信息（如救济人员类别、救济金额等）等。

卫生健康信息：健康状况，身高，体重，血型，家族病史及发病时间，慢性病史及发病时间，传染病史及发病时间，药物过敏和

131

其他过敏史及发病时间等。

家庭资产信息：房屋及构筑物信息（产权证号、产权类型、房屋地址、住房来源、购房日期、建筑面积等），土地确权信息（宗地编码、宗地坐落、宗地四至、面积、土地类型、权属类别、证书编码、发证机关、权利设定日期、权利终止日期、权证年限等）等，生产类机械设备（名称、品牌、型号、数量、总值等），交通运输类工具（名称、品牌、型号、总值等），家电（名称、品牌、型号、数量、总值等）等。

税务信息：欠缴税款标识，欠缴税款滞纳金标识等。

申报信息：照片，国籍，年收入，月收入，家庭住址及邮政编码，联系电话，兵役状态，政治面貌及其参加时间，宗教信仰，电子信箱，指纹，联系人姓名，联系人电话，人员类别、荣誉称号等。

（4）乡村治理信息

党务信息：村党组任期目标及年度计划、班子成员及分工情况，党组织议事决策制度、开展活动制度，党员党费收缴及使用，培养入党积极分子及发展党员，党员年度评议，党员奖惩情况，民情恳谈，结对帮扶，上级党组织的重大决策、重要决定，本级党组织的重大活动，党风廉政建设工作开展情况，党风廉政监督举报电话等。

政务信息：村庄规划，国家强农惠农政策，计划生育有关政策法规，征用征收土地和宅基地审批及补贴政策措施，农村社会保障政策措施，征兵政策，定向考录村干部进入公务员队伍的政策、条件及程序，有关其他涉及"三农"问题的政策措施等。

事务信息：村委会任期目标和年度工作计划，新农村建设规划方案及其实施情况，村"一事一议"筹资筹劳情况，村土地承包经营权流转情况，村民宅基地批建情况，征兵工作开展情况，计划生育政策落实及奖惩兑现情况，农村补贴政策落实情况，五保供养及低保情况，新型农村合作医疗和大病救助情况，新型农村社会养老保险情况，民主评议村干部情况，村民的建议及意见反馈等。

财务信息：村级年度财务收、支预算方案及决算情况，国家强农惠农资金收支情况（项目名称、金额、资金来源等），新农村建设项目资金使用情况（项目预算、资金来源、具体开支、工程决算等），村级财政收支情况，农村款物发放情况（姓名、数量、金额等），农村费用收缴情况（姓名、金额等），村集体经济债权债务，村集体"三资"处置情况，村级干部误工报酬，各级对村集体经济的审计情况，捐赠款物使用情况（捐赠来源、捐赠金额、捐赠物品及数量、款物去向等），村务监督委员会开展村财务监督情况，村干部离任审计情况等。

服务信息：农产品供求信息，农产品生产经营，农产品市场流通，农村经济组织培育，金融贷款，新技术新产品新推广，农村灌溉，机耕植保，农村劳动就业培训，扶贫济困，医疗救助，五保供养，烈军属优待，残疾人服务，托老托幼，农村治安，外来人口管理，人民调解，村公共设施建设，村容村貌整治，乡村道路修建和维护，兴办村小学（托儿所、幼儿园等），合作医疗建设，实行计划生育，生态资源环境保护，婚事，丧事，禁黄，禁赌，禁毒，抵制封建迷信，开展健康文明的文体活动，开展便民服务的内容及程序等。

5 湖北农业农村大数据
发展的政策建议

立足湖北省农业农村大数据发展现状，结合湖北省农业农村发展实际和国内外农业农村大数据建设经验，针对湖北省农业农村大数据建设面临的主要问题，促进湖北农业农村大数据发展应把握好以下几个问题。

一、加强对农业农村大数据发展的组织领导

成立省级专项工作领导小组，明确牵头部门和主要参与部门，重点厘清推动湖北省农业农村大数据发展的整体思路、明确各参与主体的权责分工、研究参与主体间的协同发展机制和动力机制，对如何推进湖北省农业农村大数据发展进行统筹规划、统一布局，并根据总体目标合理确定阶段目标，采取分步实施战略，力争实现湖北省农业农村大数据的健康可持续发展。建议可成立以省政府主要分管负责同志为组长，有关部门负责人为成员的农业农村大数据发展专项工作省级领导小组，制定推动湖北省农业农村大数据发展的具体实施方案和相关推动政策，规划、统筹、协调模式推广工作中的重大问题；各市、县成立以政府主要分管负责同志为组长，有关部门负责人为成员的农业农村大数据发展专项工作领导小组，加强组织领导，抓好各项政策的落实工作；各级农业部门设立工作专班承担具体工作。

二、明确农业农村大数据发展参与主体职责

要运用政府部门的资源协调和行政执行能力，通过制定和实施相关政策、法律和法规，规范农业农村大数据发展的市场秩序，维护各参与主体的合法权益，确保公益性农业农村大数据服务机构的高效运行；同时，通过加大对建设周期长、资金投入大、建设回报低的农业农村大数据基础设施建设的财政支持力度，为湖北省农业农村大数据发展提供基础性保障。要发挥企业的服务专业化和市场化推动作用，鼓励软件研发企业结合农业生产、经营、管理特点，研发农业农村大数据服务产品，引导涉农企业结合自身优势和产品（服务）消费对象需求，提供定制化农业农村大数据服务。要发挥农业科研单位的科研优势和人才优势，鼓励农业科研人员发挥个人专业特长，依托湖北农业农村大数据综合服务云平台，开展有偿技术服务。

三、完善农业农村大数据发展的投入机制

政府财政资金主要用于支持农业农村信息化基础条件建设。通过设立专项，重点支持湖北农业农村大数据中心、农业农村基础数据库、乡村电信网络、湖北农业农村专题电子地图、公共监测设备等基础性建设；通过购买服务，支持农业科研单位、软件研发企业开展湖北农业农村大数据综合服务云平台及应用系统研发。同时，发挥财政资金的杠杆作用，引导农业龙头企业、农民专业合作社、家庭农场等新型农业经营主体开展农业农村大数据应用，主动投资进行农业物联网设备及网络建设，开展电子商务、生产管理数字化等建设，提高生产智能化、销售网络化、管理数字化水平。

四、重视农业农村大数据人才培养和技术创新

将农业农村大数据研究纳入科技发展战略，拓宽投资渠道，加

大对高校科研院所开展农业农村大数据研究的支持力度，推动人才培养和技术创新。根据农业农村大数据发展和现代农业应用需求，制订农业农村大数据技术和应用人才培养计划，建立多学科融合的协同创新团队；建设以政府为主导、以高校科研院所为主体，面向农业全产业链提供服务的农业农村大数据服务体系，为政府决策、企业生产、农民种养、科学研究提供服务；相关部门可将农业农村大数据研究纳入各级各类课题管理体系，从课题申报、立项管理、资金扶持等方面给予适当倾斜，营造农业农村大数据研究的良好科技氛围，通过科研攻关，突破关键技术，占领农业农村大数据研究制高点。

五、加快农业农村大数据应用成果的示范推广

根据湖北省区域特点和产业特色，运用统一标准，开展农业农村大数据应用示范基地创建，加快物联网技术和设备的熟化，推进大数据在农业生产、经营、管理和服务领域的广泛应用，充分发挥大数据对湖北省现代农业发展的支撑和引领作用，形成一批成熟可复制、可推广的农业农村大数据应用示范模式，以点带面，全面提升湖北省农业农村大数据应用水平。各地要加强对农业农村大数据应用示范基地发展的指导和支持，建立健全工作机制，形成推进农业农村大数据建设合力，保障农业农村大数据应用示范基地健康快速发展，发挥农业农村大数据应用示范基地的示范、辐射、带动作用，积极总结示范工作经验，为全面推进湖北省乃至全国农业农村大数据建设提供成熟样板。

参 考 文 献

［1］温孚江. 农业大数据研究的战略意义与协同机制［J］. 高等农业教育，2013（11）：3-6.

［2］孙忠富，杜克明，郑飞翔，等. 大数据在智慧农业中研究与应用展望［J］. 中国农业科技导报，2013（6）：63-71.

［3］张浩然，李中良，邹腾飞，等. 农业大数据综述［J］. 计算机科学，2014（S2）：387-392.

［4］宋长青，高明秀，周虎. 实施现代农业大数据工程的理性思考［J］. 中国现代教育装备，2016（15）：111-114.

［5］周国民. 我国农业大数据应用进展综述［J］. 农业大数据学报，2019（1）：16-23.

［6］王佳方. 智慧农业时代大数据的发展态势研究［J］. 技术经济与管理研究，2020（2）：124-128.

［7］王东杰，李哲敏，张建华，等. 农业大数据共享现状分析与对策研究［J］. 中国农业科技导报，2016（3）：1-6.

［8］韩楠. 促进农业大数据在现代农业应用的途径分析［J］. 农业经济，2017（8）：25-27.

［9］王一鹤，杨飞，王卷乐，等. 农业大数据研究与应用进展［J］. 中国农业信息，2018（4）：48-56.

［10］姜侯，杨雅萍，孙九林. 农业大数据研究与应用［J］. 农业大数据学报，2019（1）：5-15.

［11］孟祥宝，谢秋波，刘海峰，等. 农业大数据应用体系架构和

平台建设〔J〕. 广东农业科学, 2014 (14): 173-178.

[12] 陶忠良, 管孝锋, 陈毓蔚. 基于农业大数据的信息共享平台建设〔J〕. 产业与科技论坛, 2018 (11): 56-57.

[13] 邓湘, 王代君, 周铭涛, 等. 基于"互联网+"的智慧农业大数据管理一体化平台研究〔J〕. 信息通信, 2019 (5): 170-171.

[14] 管孝锋, 陆林峰, 吴晓柯. 浙江省智慧农业云平台建设及应用〔J〕. 浙江农业科学, 2020 (3): 595-597, 601.

[15] 孙晓勇, 刘子玮, 孙涛, 等. 大数据在农业研究领域中的应用与发展〔J〕. 中国蔬菜, 2015 (10): 1-5.

[16] 黎玲萍, 毛克彪, 付秀丽, 等. 国内外农业大数据应用研究分析〔J〕. 高技术通讯, 2016 (4): 414-422.

[17] 漆海霞, 林圳鑫, 兰玉彬. 大数据在精准农业上的应用〔J〕. 中国农业科技导报, 2019 (1): 1-10.

[18] 路辉, 贾兴永, 杨宝祝. 农业大数据浅析及应用展望——以"一带一路"连云港农业大数据中心为例〔J〕. 农业网络信息, 2016 (11): 5-8.

[19] 梁文立. 中山市农业大数据建设与应用〔J〕. 热带农业工程, 2017 (4): 53-55.

[20] 任婷婷, 辛庆强, 吕猷. 内蒙古农业领域大数据应用体系建设刍议〔J〕. 畜牧与饲料科学, 2017 (3): 71-75.

[21] 张永金. 云南农业大数据应用与推广中心建设初见成效〔J〕. 云南农业, 2018 (2): 46-47.

[22] 雷刘功, 王琦琪. 让农业大数据"活"起来——河南省农业大数据应用产业技术研究院调查〔J〕. 农村工作通讯, 2020 (3): 7-9.

[23] 姜晓辉. 招远市农业信息化与大数据应用的调查与思考〔J〕. 信息技术与信息化, 2017 (9): 143-144.

[24] 李鹏伟. 黑龙江垦区农业大数据应用研究〔J〕. 现代化农业, 2017 (11): 53-54.

[25] 任万明, 郑勇, 王钧, 等. "互联网+"背景下山东省农业

大数据发展应用的实践与思考 [J]．山东农业科学，2018
（5）：143-146．

［26］刘铮，郭冬楠．镇江市农业大数据建设探索新思路 [J]．农
业装备技术，2019（1）：13-14，20．

［27］陈颖博．大数据在智慧农业中的应用研究 [J]．湖北农业科
学，2020（1）：17-22．

［28］唐义军，仓晶晶，朱芙蓉．盐城市农业农村大数据发展现状
与对策思考 [J]．农业与技术，2020（4）：54-56．

［29］刘勍，毛克彪，马莹，等．基于农业大数据可视化方法的中
国生猪空间流通模式 [J]．地理科学，2017（1）：118-124．

［30］杨宇红．大数据时代的农情监测与预警 [J]．信息与电脑
（理论版），2017（14）：125-126．

［31］钱晔，孙吉红，孙媛媛，等．农业大数据环境下的鲜切花行
情监测系统设计 [J]．安徽农业科学，2018（15）：185-187，
197．

［32］何蔓蔓，马龙华，马占东．面向新疆大田智慧滴灌系统的设
计 [J]．安徽农业科学，2019（15）：229-231．

［33］徐凡，蒙春蕾．浅谈广西百香果大数据系统的搭建 [J]．农
村经济与科技，2020（2）：333-334．

［34］吴迪，吴方华．基于大数据的农业用药推荐 [J]．中国农业
文摘——农业工程，2020（2）：46-48．

［35］杨波，刘勇，牟少敏．大数据背景下山东省二代玉米螟发生
程度预测模型的构建 [J]．计算机研究与发展，2014（S2）：
160-165．

［36］张晴晴，刘勇，牟少敏，等．基于大数据的小麦蚜虫发生程
度决策树预测分类模型 [J]．大数据，2016（1）：59-67．

［37］赵雷，杨波，刘勇，等．基于大数据的玉米田四代棉铃虫发
生量的预测模型 [J]．大数据，2016（1）：68-75．

［38］裴进，章珺彧．基于大数据与精确农业的农作物种植推荐系
统研究 [J]．产业与科技论坛，2018（19）：44-45．

［39］袁伟，罗丽琼，赵路，等．基于 Hadoop 的葡萄种植环境数

据处理及性能测试［J］. 山东农业科学，2015（8）：119-
122，126.

[40] 焦改英. 基于分布式算法的智能农业检索与管理系统设计
［J］. 自动化与仪器仪表，2016（11）：93-95.

[41] 王金玉，周丽丽，王祝先. 大数据平台下智慧农业 ID3 算法
研究［J］. 自动化技术与应用，2018（7）：52-54.

[42] 侯亮，王新栋，高倩. 基于 Hadoop 的农业大数据挖掘系统
构建［J］. 农业图书情报学刊，2018（7）：19-21.

[43] 李艳，刘成龙. 基于 Hadoop 的农业大数据挖掘系统构建
［J］. 信息通信，2019（2）：70-71.

[44] 崔运鹏，王健，刘娟. 基于深度学习的自然语言处理技术的
发展及其在农业领域的应用［J］. 农业大数据学报，2019
（1）：38-44.

[45] 钱晔，孙吉红，张悦. 智能算法在农业大数据中的探究［J］.
北方园艺，2019（20）：156-161.

[46] 叶煜，李敏，文燕. 农业大数据分类预测算法研究综述［J］.
科学技术创新，2020（1）：64-65.

[47] 官波，陈娉婷，罗治情，等. 湖北省农业农村大数据发展问
题研究［J］. 农业大数据学报，2021（1）：81-87.

[48] 官波，罗治情，陈娉婷，等. 基于农业产品信息的服务平台
设计与功能实现［J］. 农业网络信息，2016（11）：39-43.

[49] 官波. 农业信息服务体系建设研究［M］. 武汉：湖北人民出
版社，2014.

[50] 陈娉婷，罗治情，官波，等. 基于农业产业信息化应用的农
业物种分类和编码［J］. 湖北农业科学，2014（21）：5264-
5267，5272.

[51] 陈娉婷，邓丹丹，罗治情，等. 食用农产品质量安全信息标
准体系建设研究——以苹果为例［J］. 天津农业科学，2017
（12）：16-21.

[52] 陈娉婷，罗治情，沈祥成，等. 电子商务农产品信息标准化
发展研究［J］. 标准科学，2019（9）：97-101，106.

[53] Andreas Kamilaris, Andreas Kartakoullis, Francesc X. Prenafeta-Boldú. A review on the practice of big data analysis in agriculture [J]. Computers and Electronics in Agriculture, 2017 (143): 23-37.

[54] Antonis Tzounis, Nikolaos Katsoulas, Thomas Bartzanas. Internet of Things in agriculture, recent advances and future challenges [J]. Biosystems Engineering, 2017 (164): 31-48.

[55] George Suciu, Alexandru Vulpe, Octavian Fratu. M2M Remote Telemetry and Cloud IoT Big Data Processing in Viticulture [J]. 2015 International Wireless Communications & Mobile Computing Conference, 2015: 1117-1121.

[56] Rupinder Kaur, Raghu Garg, Himanshu Aggarwal. Big Data Analytics Framework to Identify Crop Disease and Recommendation a Solution [J]. 2016 International Conference on Inventive Computation Technologies, 2016: 608-612.

[57] F K van Evert, S Fountas, D Jakovetic, et al.. Big Data for weed control and crop protection [J]. Weed Research, 2017 (57): 218-233.

[58] A Kamilaris, F X Prenafeta-Boldú. A review of the use of convolutional neural networks in agriculture [J]. Journal of Agricultural Science, 2018 (156): 312-322.

[59] Toscano. A Precision Agriculture Approach for Durum Wheat Yield Assessment Using Remote Sensing Data and Yield Mapping [J]. Agronomy-Basel, 2019 (9): 437.

[60] Mupangwa. Evaluating machine learning algorithms for predicting maize yield under conservation agriculture in Eastern and Southern Africa [J]. Applied Sciences, 2020 (2): 952.

141